AF194973

Impressum
Verlag: BABADADA GmbH, Nedderfeld 112 , 22529 Hamburg
Geschäftsführer / Verlagsleitung: Harald Hof
Druck: Books on Demand GmbH, In de Tarpen 42, 22848 Norderstedt

Imprint
Publisher: BABADADA GmbH, Nedderfeld 112 , 22529 Hamburg, Germany
Managing Director / Publishing direction: Harald Hof
Print: Books on Demand GmbH, In de Tarpen 42, 22848 Norderstedt

سکول

σχολείο

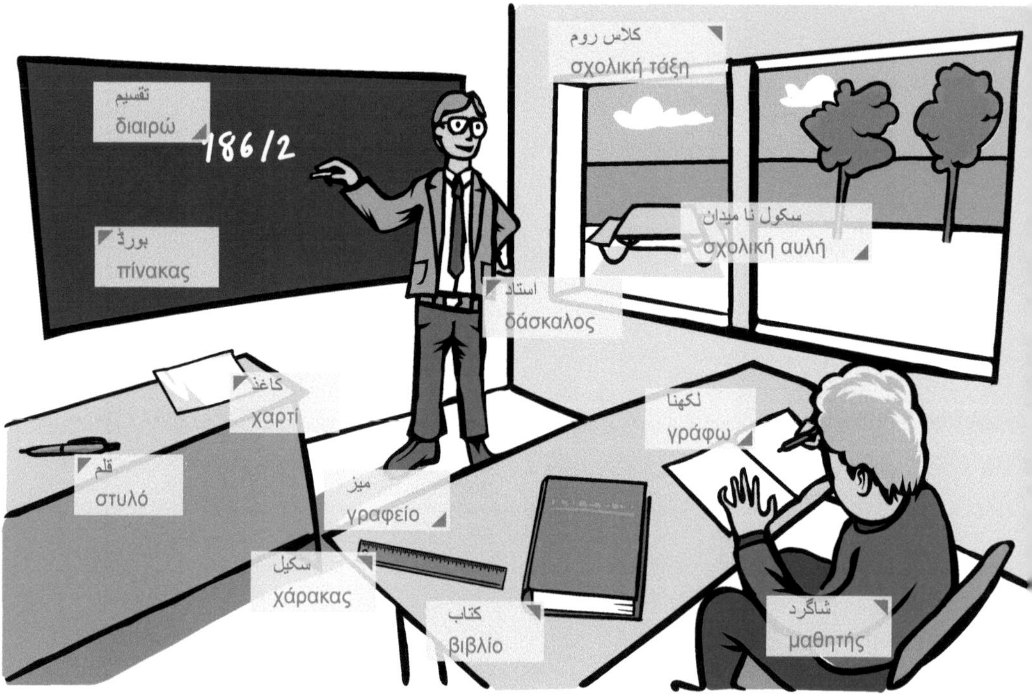

کلاس روم
σχολική τάξη
تقسیم
διαιρώ
186/2
سکول نا میدان
σχολική αυλή
بورڈ
πίνακας
استاد
δάσκαλος
کاغذ
χαρτί
لکھنا
γράφω
قلم
στυλό
میز
γραφείο
سکیل
χάρακας
کتاب
βιβλίο
شاگرد
μαθητής

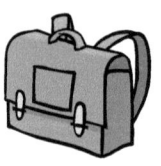

جزدان

σχολική τσάντα

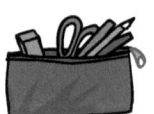

پینسل دا ڈبہ

κασετίνα/ μολυβοθήκη

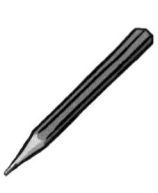

پینسل

μολύβι

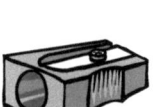

پینسل شارپنر

ξύστρα

ربر

γόμα

ڈرائنگ پیڈ

μπλοκ ζωγραφικής

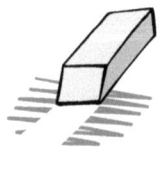

ڈرائنگ

ζωγραφική

پینٹ برش

πινέλο

پینٹ باکس

κουτί χρωμάτων

قینچی

ψαλίδι

گلو

κόλλα

مشقی کتاب

τετράδιο ασκήσεων

گھر دا کم

εργασία για το σπίτι

12

عدد

αριθμός

2+2

جمع

προσθέτω

5-2

تفریق

αφαιρώ

2×2

ضرب

πολλαπλασιάζω

کیلکولیٹ

υπολογίζω

A

خطرہ

γράμμα

ABCDEFG HIJKLMN OPQRSTU VWXYZ

حروف تہجی

αλφάβητο

hello

لفظ

λέξη

متن

κείμενο

پڑھنا

διαβάζω

چاک

κιμωλία

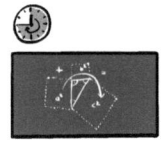

سبق

μάθημα

رجسٹر

εγγράφομαι

امتحان

τεστ

سند

πιστοποιητικό

سکول نی وردی

μαθητική στολή

تعلیم

εκπαίδευση

انسائیکلو پیڈیا

εγκυκλοπαίδεια

یونیورسٹی

πανεπιστήμιο

مائیکرو سکوپ

μικροσκόπιο

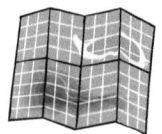

نقشہ

χάρτης

کچرے نا ڈبہ

καλάθι αχρήστων

بوٹل
ξενοδοχείο

باسٹل
ξενώνας

ROOMS

EXCHANGE

ایکسچینج دفتر
ανταλλακτήρια συναλλάγματος

سوٹ کیس
βαλίτσα

کار
αυτοκίνητο

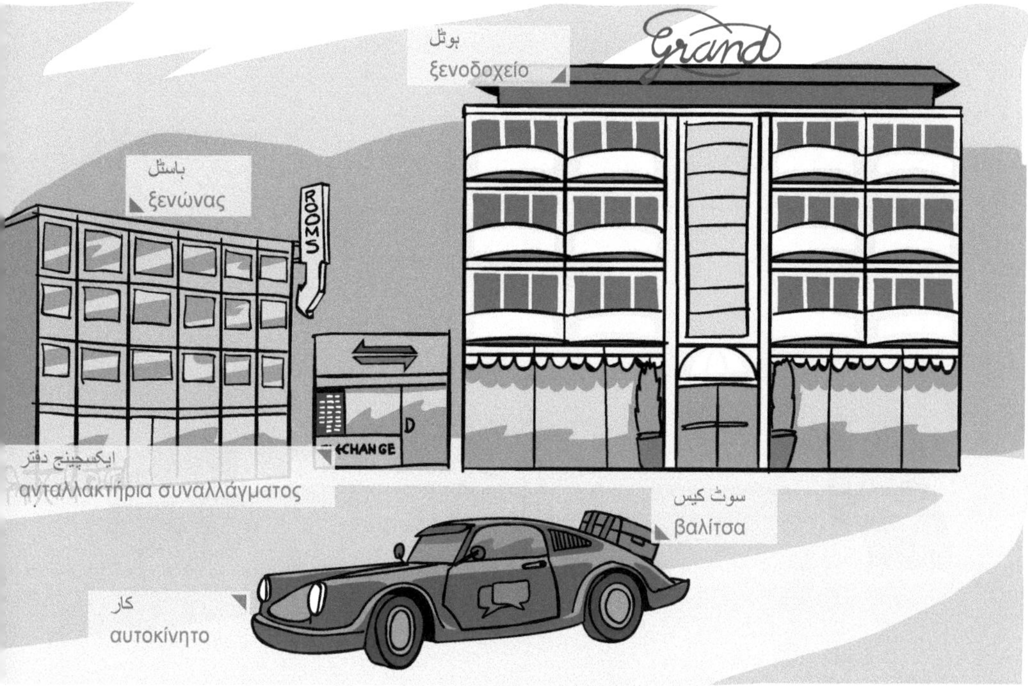

بولی
γλώσσα

ہاں / نہیں
ναι / όχι

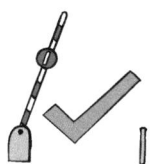

ٹھیک ہے
εντάξει

اسلام و علیکم
γεια σου

ترجمان
μεταφραστής

شکریہ
Ευχαριστώ

ایہ کنے نے ؟

πόσο κάνει ;

می سمجھ نئیں رلی

Δε καταλαβαίνω

مسئلہ

πρόβλημα

اسلام و علیکم

Καλησπέρα!

اسلام و علیکم

Καλημέρα!

اللہ حافظ

Καληνύχτα!

اللہ نے حوالے

Αντίο

سمت

κατεύθυνση

سامان

αποσκευές

بیگ

τσάντα

بیک پیک

σακίδιο πλάτης

مہمان

καλεσμένος

کمرہ

δωμάτιο

سلیپنگ بیگ

υπνόσακος

خیمہ

σκηνή

سياح لئی معلومات

....

τουριστικές πληροφορίες

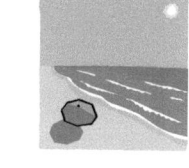

ساحل سمندر

....

παραλία

کریڈٹ کارڈ

....

πιστωτική κάρτα

ناشتہ

....

πρωινό

دوپہر نا کھانا

....

μεσημεριανό

رات نا کھانا

....

δείπνο

ٹکٹ

....

εισιτήριο

لفٹ

....

ανελκυστήρας

مہر

....

γραμματόσημο

بارڈر

....

σύνορα

کسٹمز

....

τελωνείο

ایمبیسی

....

πρεσβεία

ویزا

....

βίζα

پاسپورٹ

....

διαβατήριο

ٹرانسپورٹ

μεταφορά

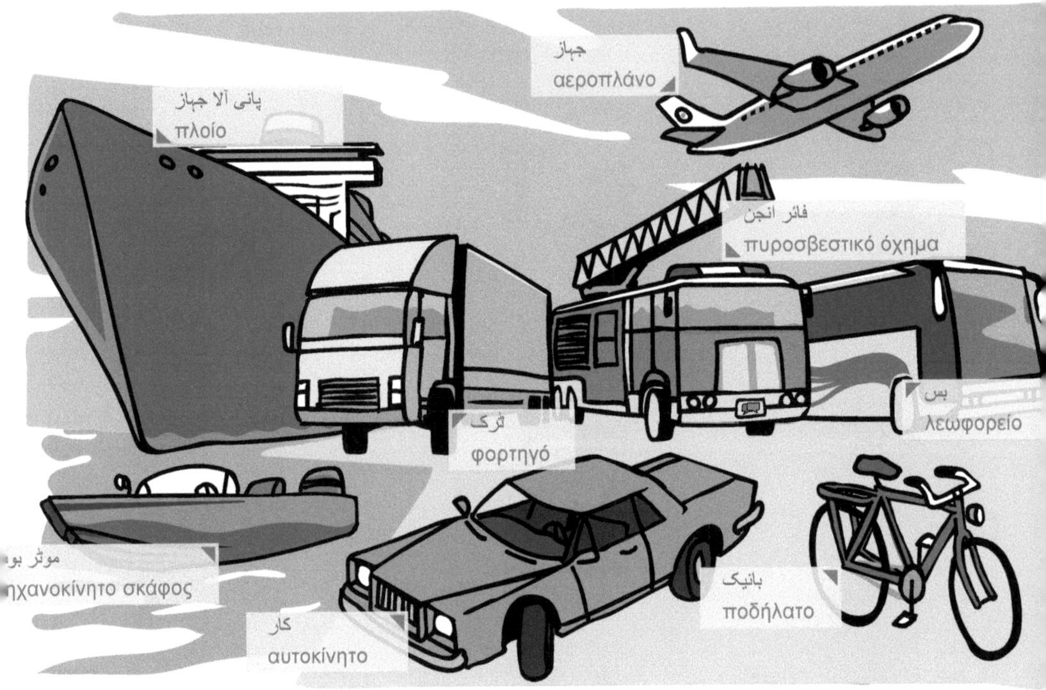

جہاز
αεροπλάνο
پانی آلا جہاز
πλοίο
فائر انجن
πυροσβεστικό όχημα
بس
λεωφορείο
ٹرک
φορτηγό
موٹر بو
ηχανοκίνητο σκάφος
بائیک
ποδήλατο
کار
αυτοκίνητο

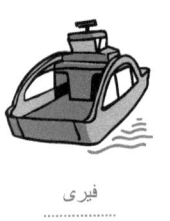

فیری

φεριμπότ

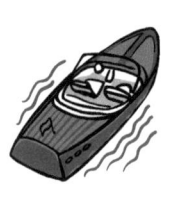

کشتی

βάρκα

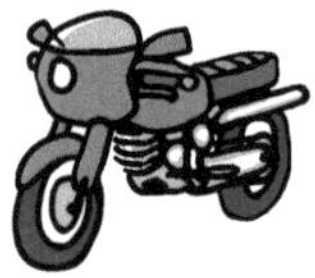

موٹر بائیک

μοτοσικλέτα

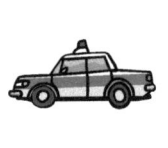

پولیس کار

περιπολικό

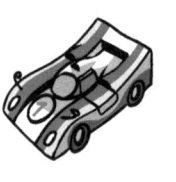

ریسنگ کار

αγωνιστικό αυτοκίνητο

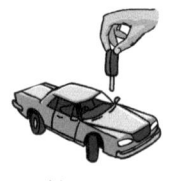

کرایہ نی گڈ

ενοικιαζόμενο αυτοκίνητο

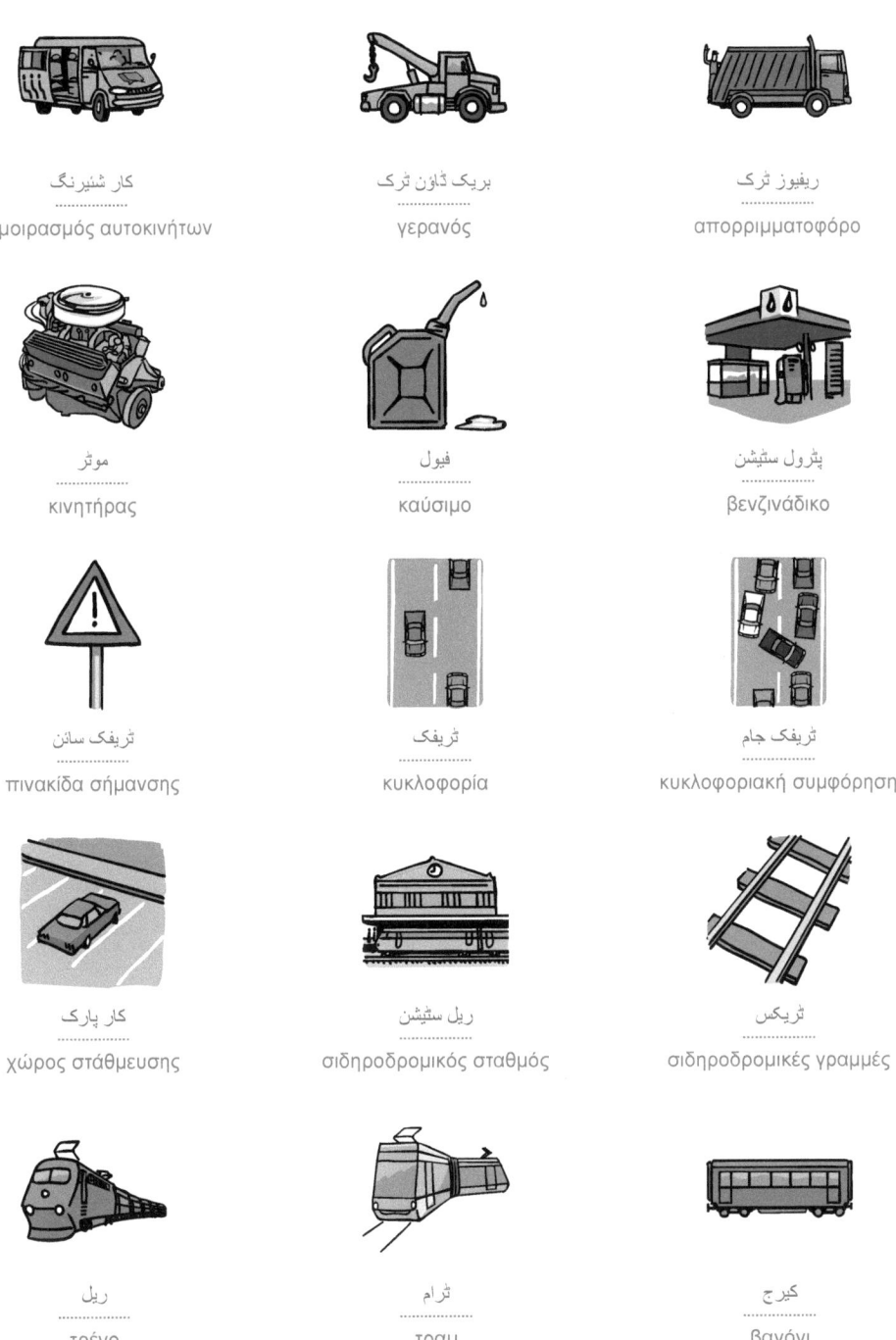

کار شیئرنگ
διαμοιρασμός αυτοκινήτων

بریک ڈاؤن ٹرک
γερανός

ریفیوز ٹرک
απορριμματοφόρο

موٹر
κινητήρας

فیول
καύσιμο

پٹرول سٹیشن
βενζινάδικο

ٹریفک سائن
πινακίδα σήμανσης

ٹریفک
κυκλοφορία

ٹریفک جام
κυκλοφοριακή συμφόρηση

کار پارک
χώρος στάθμευσης

ریل سٹیشن
σιδηροδρομικός σταθμός

ٹریکس
σιδηροδρομικές γραμμές

ریل
τρένο

ٹرام
τραμ

کیرج
βαγόνι

بیلی کاپٹر

ελικόπτερο

ائر پورٹ

αεροδρόμιο

مینار

πύργος

مسافر

επιβάτης

کنٹینر

εμπορευματοκιβώτιο

کاٹن

χαρτοκιβώτιο

چهکڑا

καρότσι

بالٹی

καλάθι

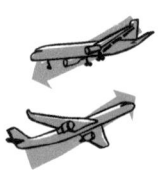

اڑنا / لہنا

απογειώνομαι /
προσγειώνομαι

شہر

πόλη

پنڈ

χωριό

سٹی سینٹر

κέντρο της πόλης

کهار

σπίτι

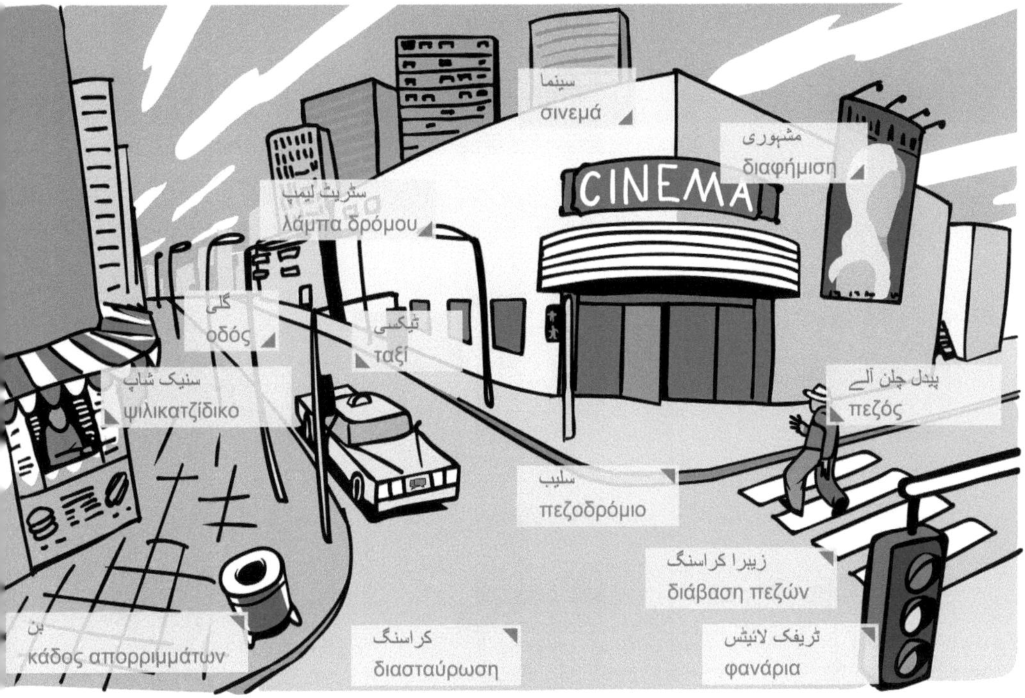

سینما
σινεμά
مشہوری
διαφήμιση
CINEMA
سٹریٹ لیمپ
λάμπα δρόμου
گلی
οδός
ٹیکسی
ταξί
سنیک شاپ
ψιλικατζίδικο
پیدل چلن آلے
πεζός
سلیب
πεζοδρόμιο
زیبرا کراسنگ
διάβαση πεζών
بن
κάδος απορριμμάτων
کراسنگ
διασταύρωση
ٹریفک لائیٹس
φανάρια

ہٹ

καλύβα

فلیٹ

διαμέρισμα

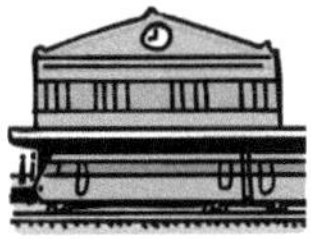

ریل سٹیشن

σιδηροδρομικός σταθμός

ٹاؤن ہال

δημαρχείο

MUSEUM

میوزئیم

μουσείο

سکول

σχολείο

يونيورسٹی

πανεπιστήμιο

بنک

τράπεζα

ہسپتال

νοσοκομείο

ہوٹل

ξενοδοχείο

فارمیسی

φαρμακείο

دفتر

γραφείο

کتب خانہ

βιβλιοπωλείο

ہٹی

κατάστημα

پھلاں الے

ανθοπωλείο

سپر مارکیٹ

σούπερ μάρκετ

بازار

αγορά

ڈیپارٹمنٹ سٹور

πολυκατάστημα

مچھیرے

ιχθυοπωλείο

شاپنگ سینٹر

εμπορικό κέντρο

بندرگاہ

λιμάνι

پارک

πάρκο

بنچ

παγκάκι

پل

γέφυρα

سیڑھیاں

σκάλες

انڈر گراؤنڈ

μετρό

ٹنل

τούνελ

بس سٹاپ

στάση λεωφορείου

بار

μπαρ

ریسٹورنٹ

εστιατόριο

پوسٹ بکس

γραμματοκιβώτιο

سٹریٹ سائن

πινακίδα δρόμου

پارکنگ میٹر

παρκόμετρο

چڑیا گھار

ζωολογικός κήπος

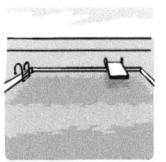

سوئمنگ پول

πισίνα

مسجد

τζαμί

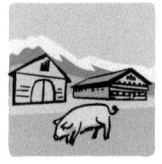

فارم

αγρόκτημα

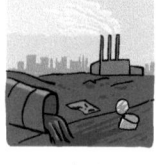

آلودگی

ρύπανση

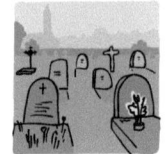

قبرستان

νεκροταφείο

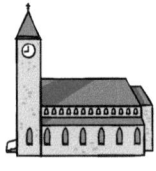

چرچ

εκκλησία

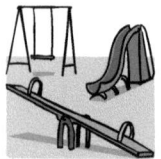

پلے گراؤنڈ

παιδική χαρά

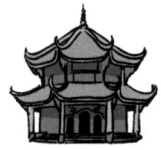

مندر

ναός

منظر

τοπίο

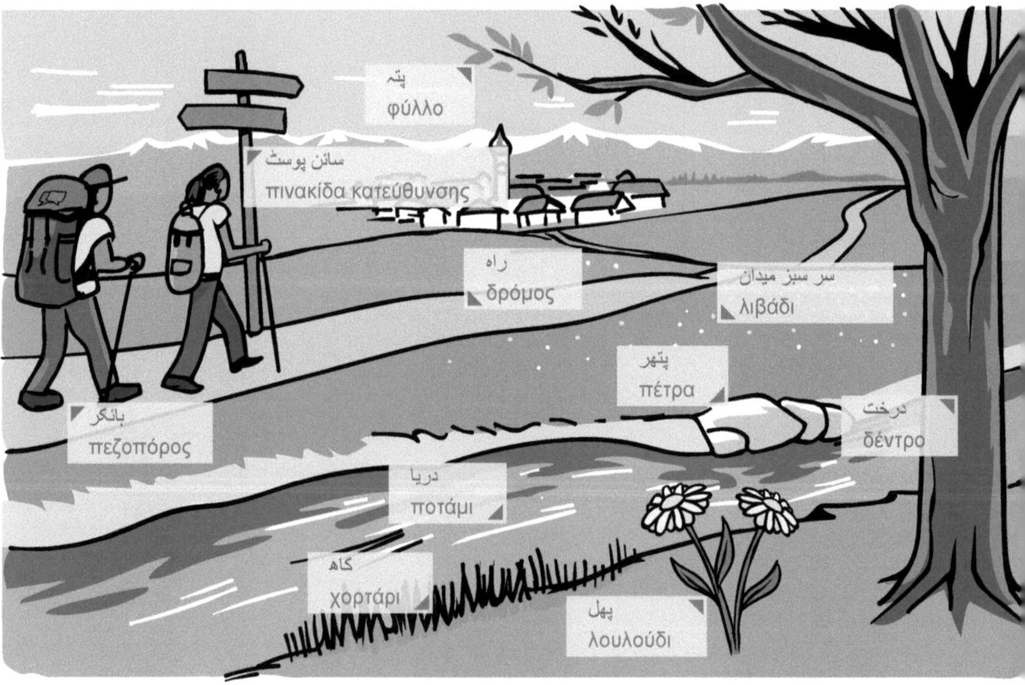
پتہ
φύλλο
سائن پوسٹ
πινακίδα κατεύθυνσης
راہ
δρόμος
سر سبز میدان
λιβάδι
پتھر
πέτρα
ہائکر
πεζοπόρος
درخت
δέντρο
دریا
ποτάμι
گھاس
χορτάρι
پھول
λουλούδι

وادی
κοιλάδα

پہاڑی
λόφος

نہر
λίμνη

جنگل
δάσος

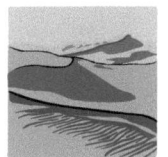

صحرا
έρημος

آتش فشاں
ηφαίστειο

قلعہ
κάστρο

رین بو
ουράνιο τόξο

کھمبی
μανιτάρι

پام ٹری
φοίνικας

مچھر
κουνούπι

مکھی
μύγα

چیونٹا
μυρμήγκι

مکھی
μέλισσα

مکڑی
αράχνη

بهونرا

σκαθάρι

مینڈک

βάτραχος

گلہری

σκίουρος

سیپھ

σκαντζόχοιρος

ساہیا

λαγός

الو

κουκουβάγια

پرندہ

πουλί

راج ہنس

κύκνος

نر سور

αγριογούρουνο

ہرن

ελάφι

بارہ سنگا

άλκη

ڈیم

φράγμα

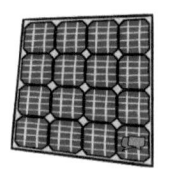

ونڈ ٹربائن

ανεμογεννήτρια

شمسی توانائی دا پینل

ηλιακός συλλέκτης

آب و ہوا

κλίμα

ریسٹورنٹ
εστιατόριο

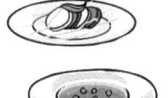

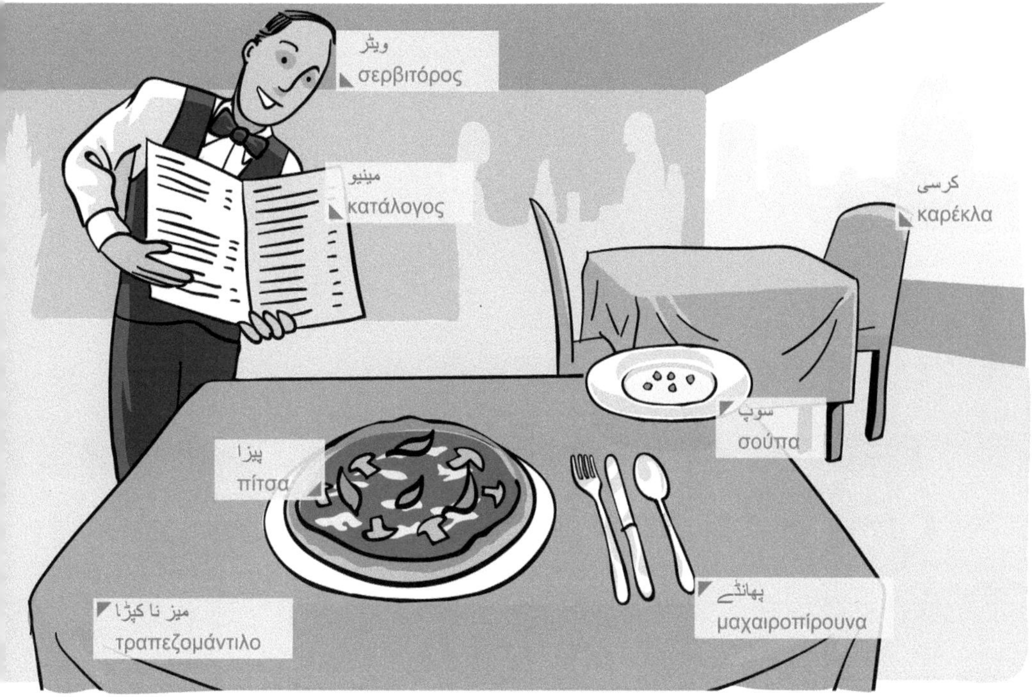

ویٹر
σερβιτόρος
مینیو
κατάλογος
کرسی
καρέκλα
سوپ
σούπα
پیزا
πίτσα
پھانڈے
μαχαιροπίρουνα
میز نا کپڑا
τραπεζομάντιλο

سٹارٹر
....
ορεκτικό

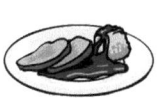

مین کورس
....
κύριο πιάτο

ڈیزرٹ
....
επιδόρπιο

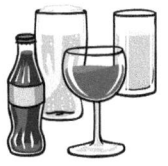

مشروب
....
ποτά

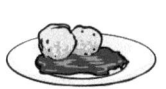

کھانا
....
φαγητό

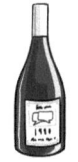

بوتل
....
μπουκάλι

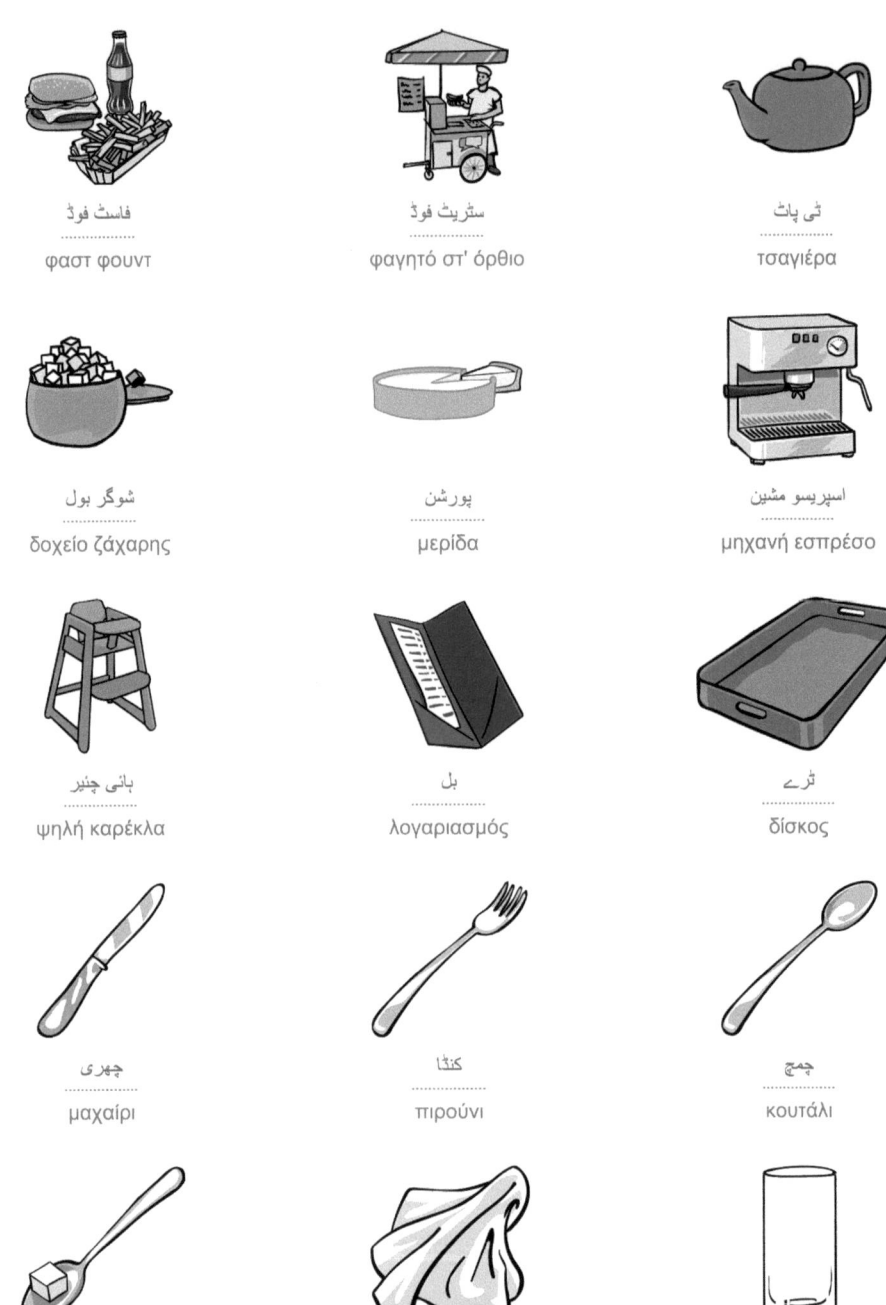

فاسٹ فوڈ
φαστ φουντ

سٹریٹ فوڈ
φαγητό στ' όρθιο

ٹی پاٹ
τσαγιέρα

شوگر بول
δοχείο ζάχαρης

پورشن
μερίδα

اسپریسو مشین
μηχανή εσπρέσο

بانی چنیر
ψηλή καρέκλα

بل
λογαριασμός

ٹرے
δίσκος

چهری
μαχαίρι

کانٹا
πιρούνι

چمچ
κουτάλι

ٹی سپون
κουταλάκι του τσαγιού

تولیہ
πετσέτα φαγητού

گلاس
ποτήρι

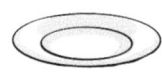

پلیٹ
πιάτο

سوپ پلیٹ
πιάτο σούπας

ساسر
πιατάκι φλιτζανιού

چٹنی
σάλτσα

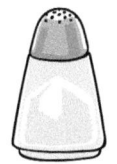

نمک دانی
αλατιέρα

پیپر مل
μύλος για πιπέρι

سرکہ
ξύδι

تیل
λάδι

مصالحہ
μπαχαρικά

کیچپ
κέτσαπ

سرپینوں
μουστάρδα

مینیز
μαγιονέζα

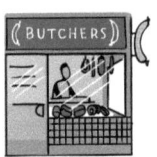

سپر مارکیٹ
σούπερ μάρκετ

قصائی
κρεοπωλείο

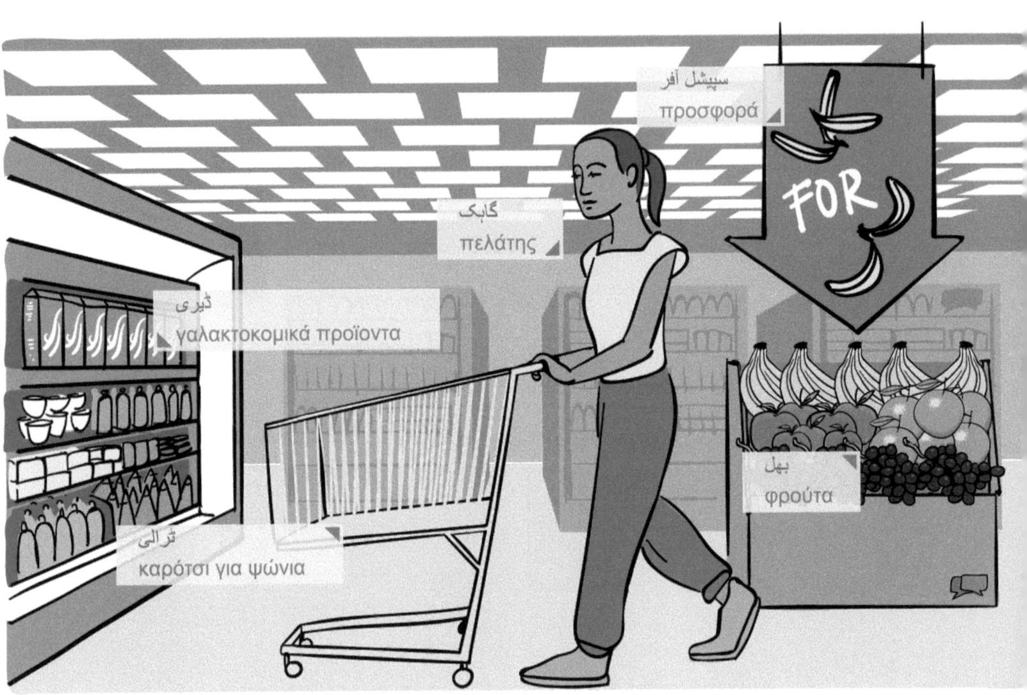

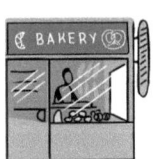

بیکرز
φούρνος

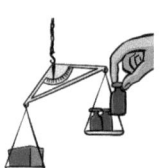

وزن
ζυγίζω

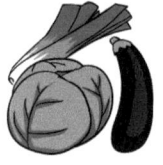

سبزیاں
λαχανικά

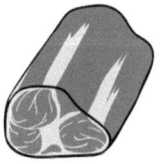

گوشت
κρέας

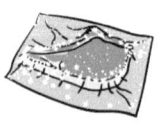

فروزن فوڈ
κατεψυγμένα τρόφιμα

كولڈ گوشت

αλλαντικά

ٹن فوڈ

κονσερβοποιημένη τροφή

واشنگ پوڈر

απορρυπαντικό ρούχων

مٹھائی

γλυκά

کھار دیاں چیزاں

οικιακά είδη

صفائی آلی چیزاں

καθαριστικά προϊόντα

سیل مین

πωλήτρια

ٹِل

ταμείο

کیشئیر

ταμίας

شاپنگ لسٹ

λίστα για ψώνια

کھلن دا ویلا

ωράριο λειτουργίας

پرس

πορτοφόλι

کریڈٹ کارڈ

πιστωτική κάρτα

بیگ

τσάντα

پلاسٹک بیگ

πλαστική σακούλα

پانی
νερό

جوس
χυμός

ددھ
γάλα

کوک
κόκα κόλα

شراب
κρασί

شراب
μπίρα

شراب
αλκοόλ

کوکا
κακάο

چا
τσάι

کافی
καφές

أسپريسو
εσπρέσο

کپوچینو
καπουτσίνο

کیلا

μπανάνα

سیب

μήλο

موسمبی

πορτοκάλι

تربوز

πεπόνι

نیمبو

λεμόνι

گاجر

καρότο

لہسن

σκόρδο

بانس

μπαμπού

پیاز

κρεμμύδι

کھمبی

μανιτάρι

میوے

ξηροί καρποί

نوڈلز

νουντλς

سپیگیٹی

μακαρόνια

چاول

ρύζι

سلاد

σαλάτα

چپس

πατατάκια

تلے ہوئے آلو

τηγανητές πατάτες

پیزا

πίτσα

بیم برگر

χάμπουργκερ

سینڈوچ

σάντουιτς

تکے

κοτολέτα

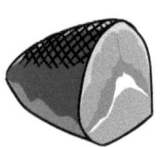

بیم

ζαμπόν

سلامی

σαλάμι

ساسج

λουκάνικο

مرغی

κοτόπουλο

بھنیا ہویا

ψητό

مچھی

ψάρι

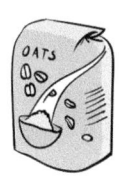

جو نا دلیہ

χυλός βρώμης

مولی

μούσλι

کارن فلیکس

κορν φλέικς

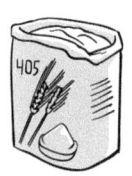

آٹا

αλεύρι

کرائسنٹ

κρουασάν

بریڈ رول

ψωμάκι

روٹی

ψωμί

ٹوسٹ

τοστ

بسکٹ

μπισκότα

مکھن

βούτυρο

دہی

τυρόπηγμα

کیک

κέικ

انڈا

αυγό

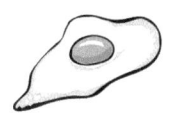

تلیا انڈا

τηγανητό αυγό

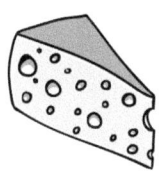

پنیر

τυρί

آنس کریم

παγωτό

چینی

ζάχαρη

شہد

μέλι

جام

μαρμελάδα

چاکلیٹ سپریڈ

άλλειμμα σοκολάτας

سالن

κάρυ

فارم

αγρόκτημα

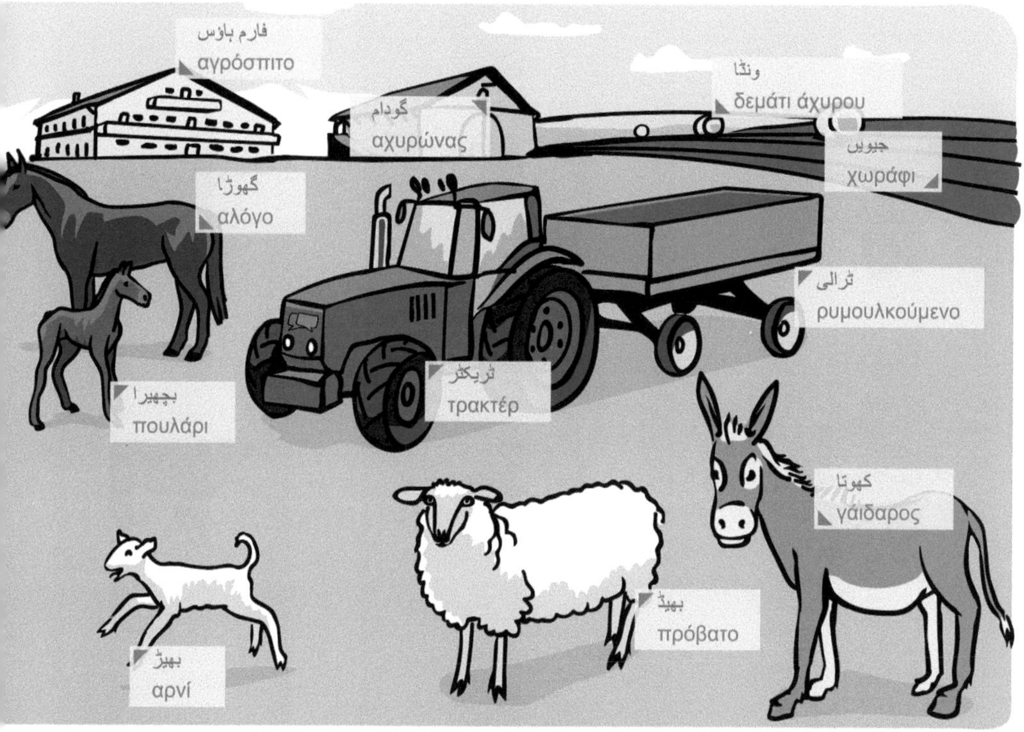

فارم ہاؤس
αγρόσπιτο
گودام
αχυρώνας
ونڈا
δεμάτι άχυρου
جیویں
χωράφι
گھوڑا
αλόγο
ٹرالی
ρυμουλκούμενο
بچھیرا
πουλάρι
ٹریکٹر
τρακτέρ
کھوتا
γάιδαρος
بھیڑ
πρόβατο
بھیڑ
αρνί

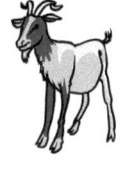

بکری
....
κατσίκα

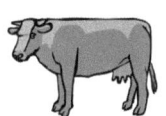

گاں
....
αγελάδα

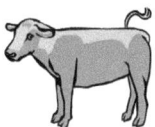

بچھڑا
....
μοσχαράκι

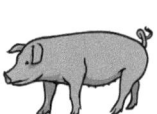

سور
....
γουρούνι

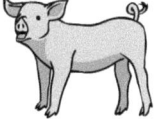

پگ لیٹ
....
γουρουνάκι

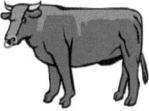

بیل
....
ταύρος

بطخ

χήνα

بطخ

πάππια

چوزه

κοτοπουλάκι

مرغی

κότα

مرغا

κόκορας

چوبا

αρουραίος

بلی

γάτα

چوبا

ποντίκι

بیل

βόδι

کتا

σκύλος

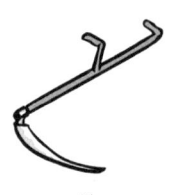

کتے نا کھار

σπιτάκι σκύλου

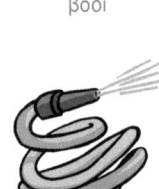

لان نا پائپ

λάστιχο κήπου

پانی نا ٹبی

ποτιστήρι

درانتی

θεριστήρι

ہل

αλέτρι

درانتی

δρεπάνι

بو

τσάπα

ترنگل

δίκρανο

کوہاڑی

τσεκούρι

ریڑھی

χειράμαξα

ڈونگا

ταΐστρα

ددھ نا ڈبہ

δοχείο γάλακτος

بورا

σάκος

باڑ

φράχτης

اصطبل

στάβλος

گرین ہاؤس

θερμοκήπιο

مٹی

έδαφος

بیج

σπόρος

کھاد

λίπασμα

کمبائن ہارویسٹر

θεριζοαλωνιστική μηχανή

فصل
....
θερίζω

فصل
....
συγκομιδή

يامز
....
γιαμς

كنك
....
σιτάρι

سويا
....
σόγια

ألو
....
πατάτα

مكئی
....
καλαμπόκι

تلى
....
κράμβη

پهلدار درخت
....
οπωροφόρο δέντρο

كاساوا
....
μανιόκα

اناج
....
δημητριακά

فارم - αγρόκτημα

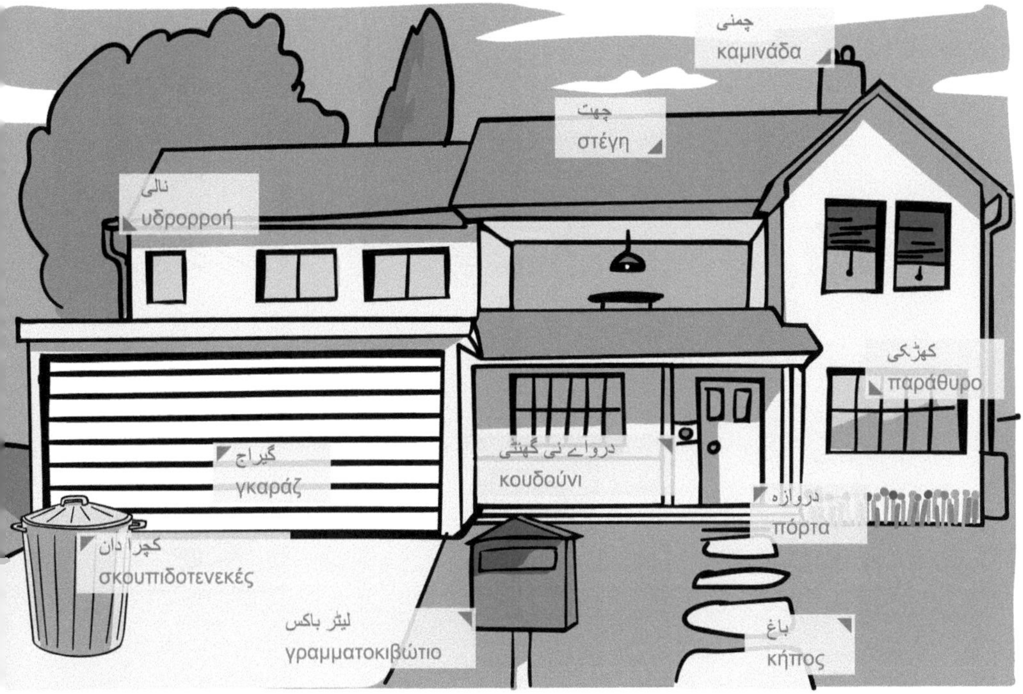

چمنی
καμινάδα

چهت
στέγη

نالی
υδρορροή

کهڑکی
παράθυρο

گیراج
γκαράζ

دروازے ني گهنڻي
κουδούνι

دروازه
πόρτα

کچرا دان
σκουπιδοτενεκές

لیٹر باکس
γραμματοκιβώτιο

باغ
κήπος

لونگ روم
σαλόνι

باته روم
μπάνιο

باورچﻰ خانه
κουζίνα

بیڈروم
υπνοδωμάτιο

بچیاں نا کمره
παιδικό δωμάτιο

ڈانننگ روم
τραπεζαρία

فرش

πάτωμα

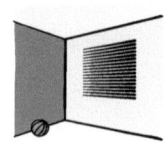

دیوار

τοίχος

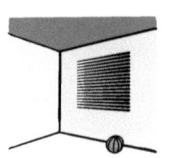

چھت

οροφή

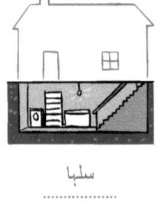

سلیبا

κελάρι

سوانا

σάουνα

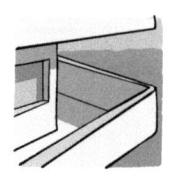

بالکنی

μπαλκόνι

ٹیرس

βεράντα

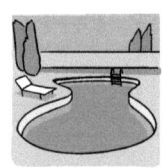

پول

πισίνα

لان موور

μηχανή του γκαζόν

شیٹ

σεντόνι

بیڈ سپریڈ

κάλυμμα κρεβατιού

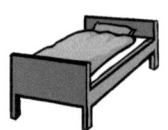

بیڈ

κρεβάτι

جھاڑو

σκούπα

بالٹی

κουβάς

سونچ

διακόπτης

لونگ روم
σαλόνι

وال پیپر
ταπετσαρία
تصویر
φωτογραφία
لیمپ
λάμπα
شیلف
ράφι
الماری
ντουλάπι
ٹیلیویژن
τηλεόραση
آگ دان
τζάκι
پھل
λουλούδι
کشن
μαξιλάρι
صوفہ
καναπές
گلدان
βάζο
ریموٹ کنٹرول
τηλεκοντρόλ

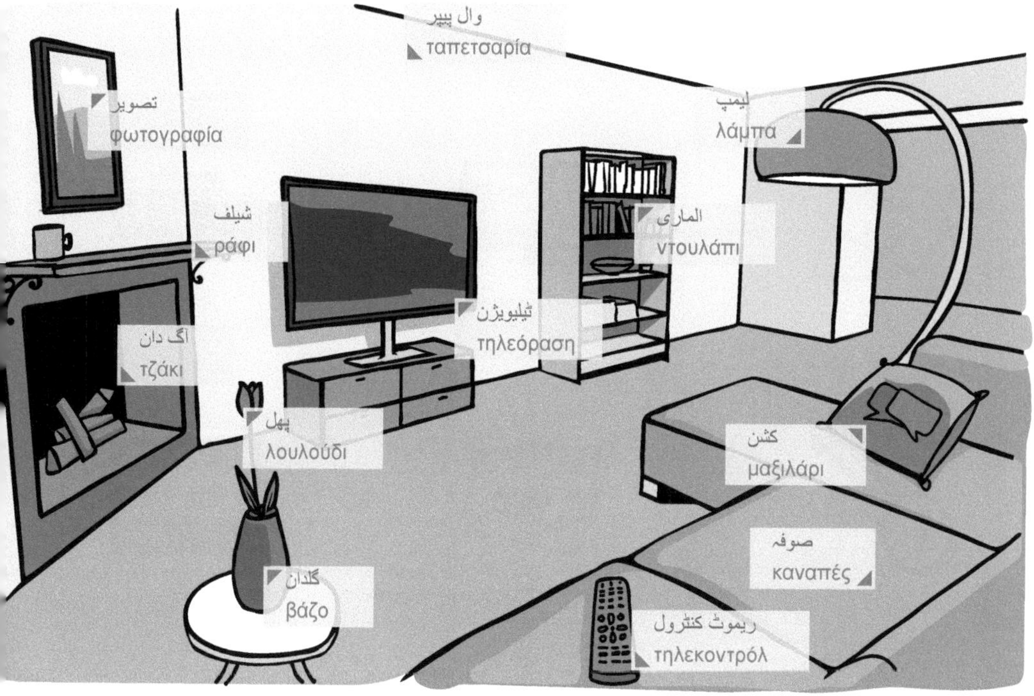

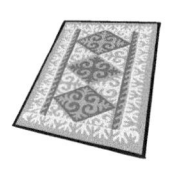

قالین

χαλί

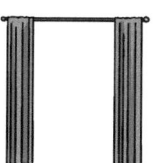

پردے

κουρτίνα

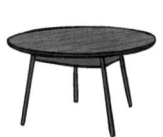

میز

τραπέζι

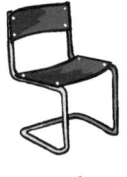

کرسی

καρέκλα

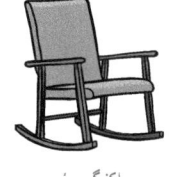

راکنگ چئیر

κουνιστή πολυθρόνα

آرم چئیر

πολυθρόνα

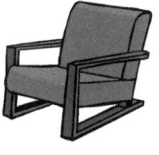

كتاب

βιβλίο

كمبل

κουβέρτα

ڈیکوریشن

διακόσμηση

کولے

καυσόξυλα

فلم

ταινία

بانی فانی آلات

στερεοφωνικό σύστημα

چابی

κλειδί

اخبار

εφημερίδα

پینٹنگ

πίνακας ζωγραφικής

پوسٹر

αφίσα

ریڈیو

ραδιόφωνο

نوٹ پیڈ

σημειωματάριο

ہوور

ηλεκτρική σκούπα

کیکٹس

κάκτος

موم بتّی

κερί

باورچہ خانہ
κουζίνα

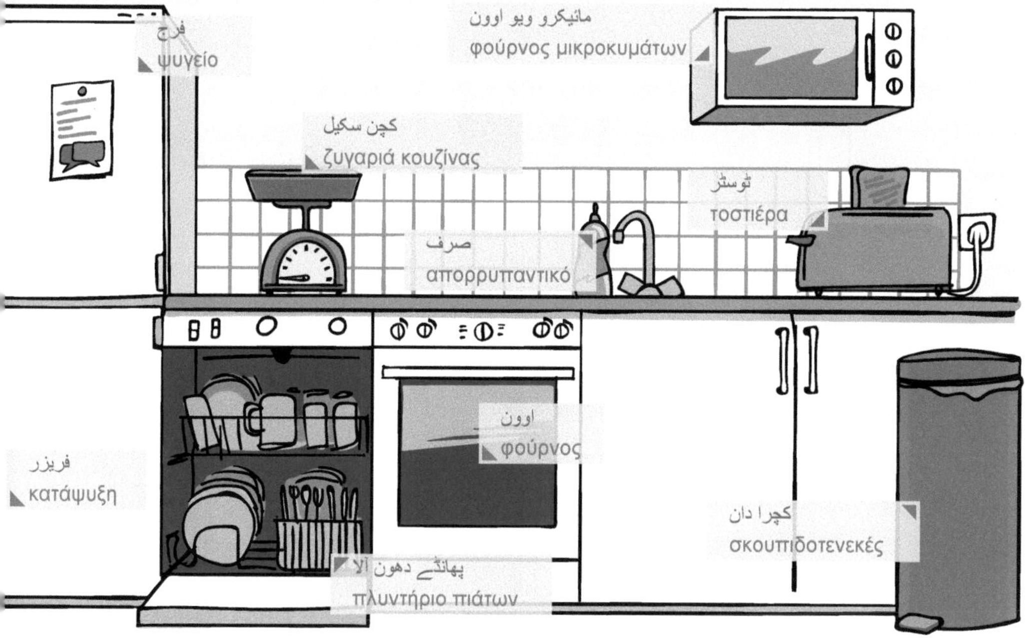
فرج
ψυγείο
مائیکرو ویو اوون
φούρνος μικροκυμάτων
کچن سکیل
ζυγαριά κουζίνας
ٹوسٹر
τοστιέρα
صرف
απορρυπαντικό
اوون
φούρνος
فریزر
κατάψυξη
کچرا دان
σκουπιδοτενεκές
پھانڈے دھون آلا
πλυντήριο πιάτων

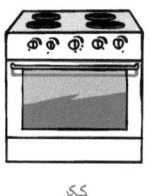

ککر
....
κουζίνα

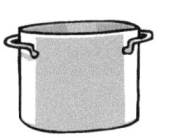

پاٹ
....
κατσαρόλα

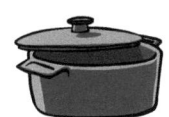

کاسٹ آئرن پاٹ
....
μαντεμένια κατσαρόλα

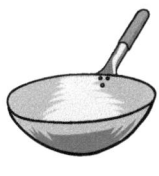

ووک / کدائی
....
γουόκ/καντάι

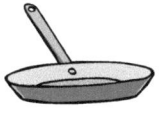

پین
....
τηγάνι

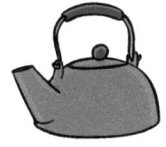

کیتلی
....
βραστήρας

سٹیمر

ατμομάγειρας

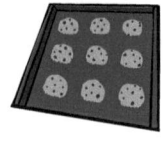

بیکنگ ٹرے

ταψί

پھانڑے

πιατικά

مگا

κούπα

پیالہ

μπολ

چوپ سٹکس

ξυλάκια

کرچھل

κουτάλα

اسپالی

σπάτουλα

پھینٹن آلا

ανακατεύω

چھننا

σουρωτήρι

چھننی

σουρωτηράκι

جھاواں

τρίφτης

کھان پکان آلا چمچہ

γουδί

باربی کیو

ψησταριά

چولھا

ανοιχτή φωτιά

کٹنگ بورڈ

σανίδα κοπής

رولنگ پن

πλάστης

کارک سکرو

ανοιχτήρι φελλών

کین

κονσέρβα

کین کھولن آلا

ανοιχτήρι κονσέρβας

پاٹ پکڑن آلا

γάντι φούρνου

سنک

νεροχύτης

برش

βούρτσα

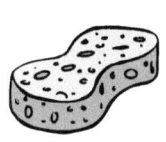

سپنج

σφουγγάρι

بلینڈر

μπλέντερ

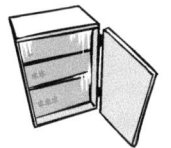

ڈیپ فریزر

καταψύκτης

بچے نی بوتل

μπιμπερό

ٹوٹی

βρύση

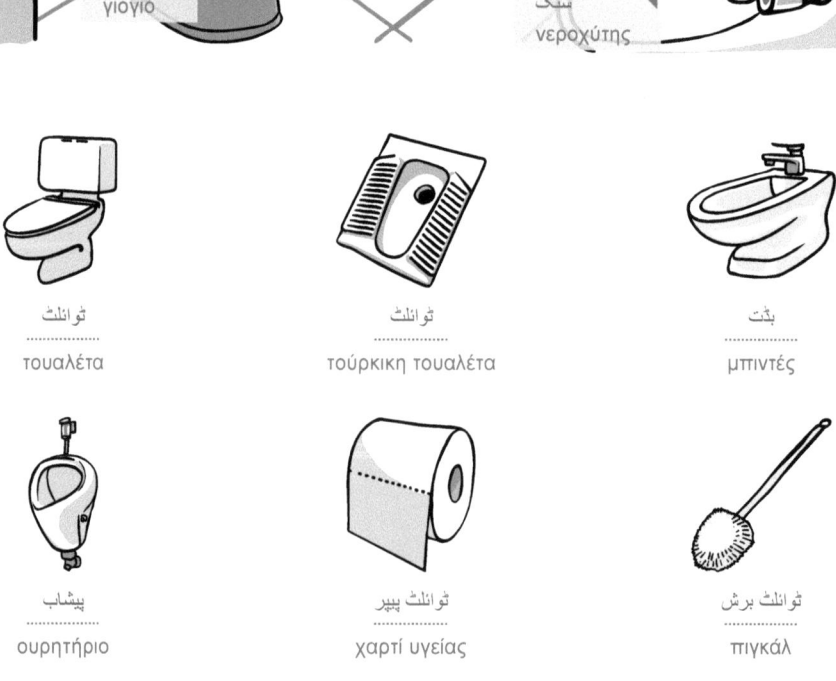

باتھ روم

μπάνιο

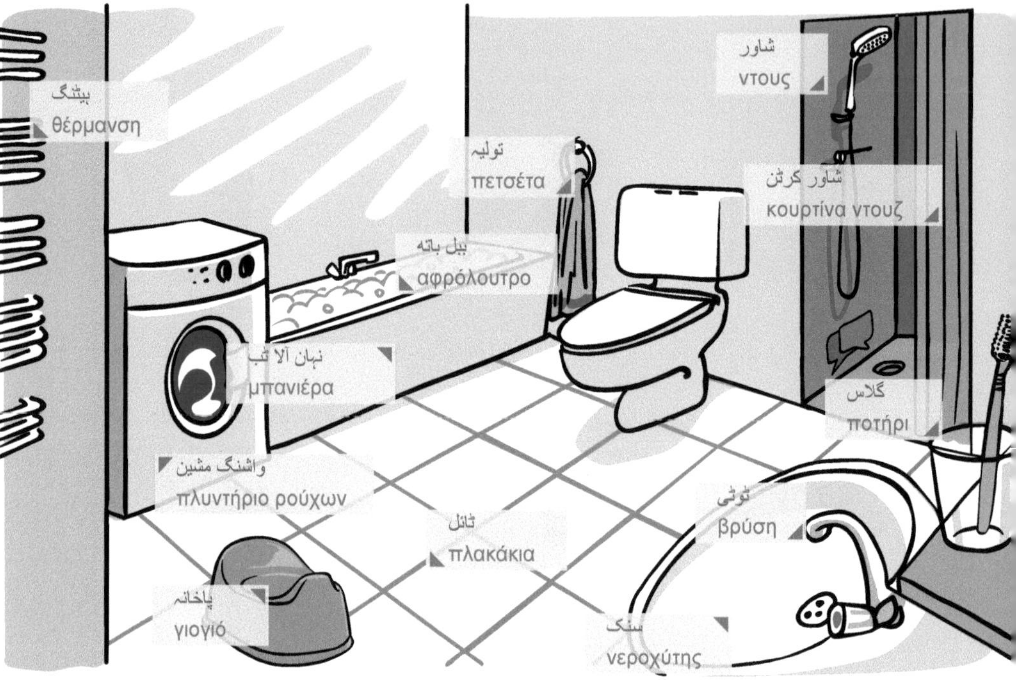

ہیٹنگ
θέρμανση
تولیہ
πετσέτα
شاور
ντους
شاور کرٹن
κουρτίνα ντουζ
ببل باتھ
αφρόλουτρο
نہان آلا ٹب
μπανιέρα
گلاس
ποτήρι
واشنگ مشین
πλυντήριο ρούχων
ٹوٹی
βρύση
ٹائل
πλακάκια
پاخانہ
γιογιό
سنک
νεροχύτης

ٹوائلٹ

τουαλέτα

ٹوائلٹ

τούρκικη τουαλέτα

بڈت

μπιντές

پیشاب

ουρητήριο

ٹوائلٹ پیپر

χαρτί υγείας

ٹوائلٹ برش

πιγκάλ

ټوته برش

οδοντόβουρτσα

ټوته پيسټ

οδοντόκρεμα

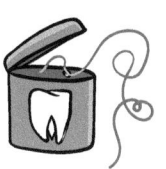

ډينټل فلاس

οδοντικό νήμα

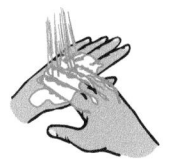

دهونا

πλένω

بته وچ پهړن آلا شاور

τηλέφωνο ντους

شاور

ντουσιέρα

بيسن

λεκάνη

بيک برش

βούρτσα πλάτης

صابن

σαπούνι

شاور جيل

αφρόλουτρο

شيپمو

σαμπουάν

فلالين

φανέλα

نالى

σιφόνι

کريم

κρέμα

ډيوډرنټ

αποσμητικό

آئینہ

κaθρέφτης

بتہ آلا شیشہ

κaθρέφτης χειρός

استرا

ξυραφάκι

شیونگ فوم

αφρός ξυρίσματος

آفٹر سیو

αφτερσέιβ

کنگھا

χτένα

برش

βούρτσα

ہئیر ڈرائر

σεσουάρ

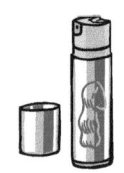

ہئیر سپرے

λaκ

میک اپ

μaκιγιάζ

لپ سٹک

κρaγιόν

ناخن نی وارنش

βερνίκι νυχιών

کاٹن وول

βaμβάκι

ناخن کتر

ψaλίδι νυχιών

پرفیوم

άρωμa

واش بيگ

νεσεσέρ

پاخانه

σκαμπό

وزن دا پیمانه

ζυγαριά

باته نی الماری

μπουρνούζι

ربر نے دستانه

ελαστικά γάντια

بفر

ταμπόν

تولیه سفینڈ

πετσέτα υγιεινής

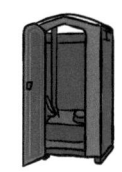

کیمیکل ٹوانلٹ

χημική τουαλέτα

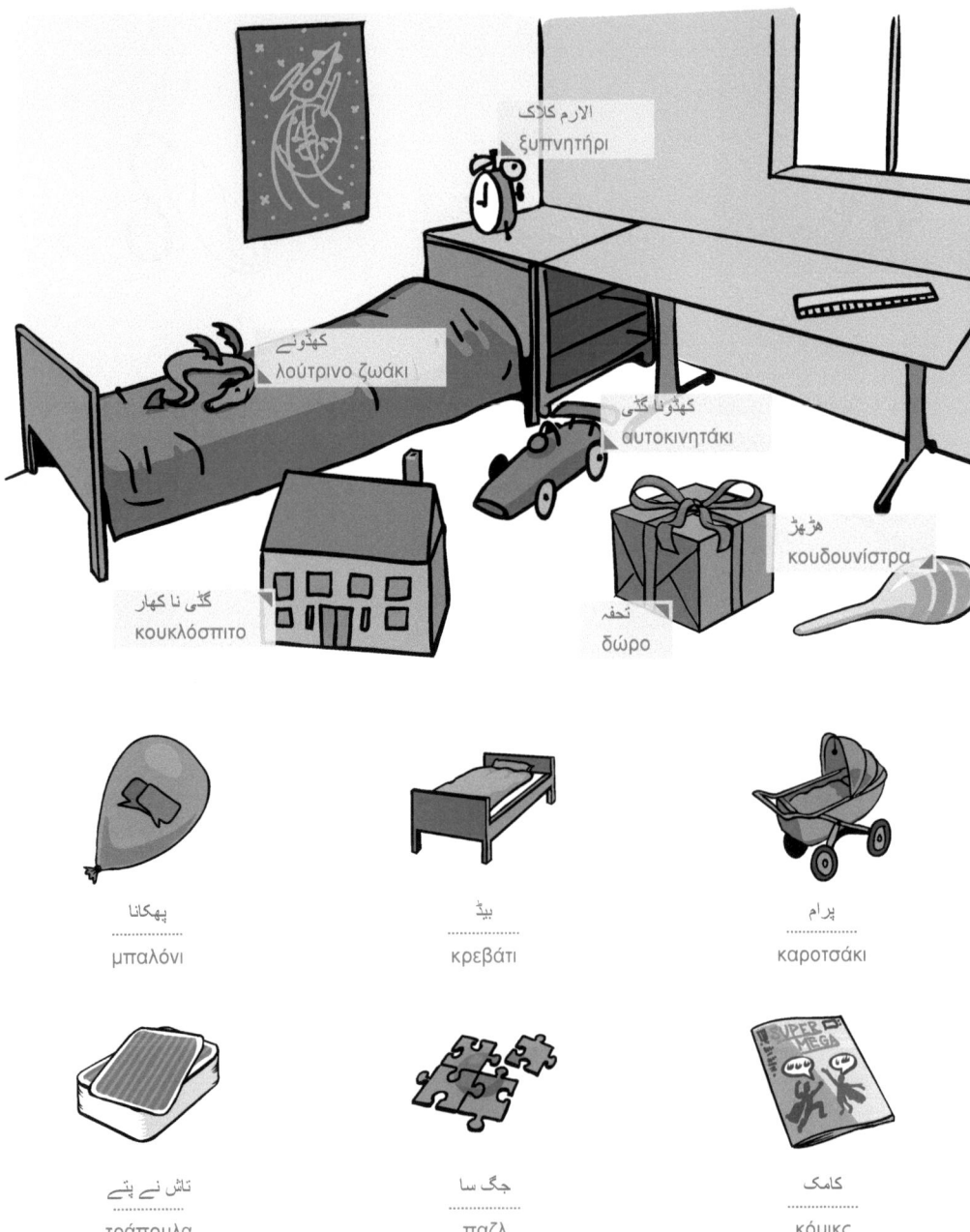

الارم کلاک
ξυπνητήρι

کھڈونے
λούτρινο ζωάκι

کھڈونا گڈی
αυτοκινητάκι

کھڑتال
κουδουνίστρα

گڈی نا کھار
κουκλόσπιτο

تحفہ
δώρο

پھکانا
μπαλόνι

بیڈ
κρεβάτι

پرام
καροτσάκι

تاش نے پتے
τράπουλα

جگ سا
παζλ

کامک
κόμικς

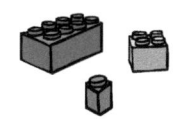

لیگو بركس

τουβλάκια lego

بلڈنگ بلاکس

τουβλάκια κατασκευών

کھڈونا

φιγούρα δράσης

بےبی گرو

βρεφικό φορμάκι

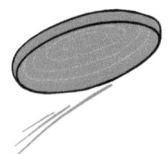

فرزوی

φρίσμπι

موبائل

μόμπιλο

بورڈ گیم

επιτραπέζιο παιχνίδι

ڈائس

ζάρια

ماڈل ٹرن سیٹ

σετ τρενάκι

ڈمی

πιπίλα

پارٹی

πάρτι

تصویری کتاب

εικονογραφημένο βιβλίο

گیند

μπάλα

گڑیا

κούκλα

کھیڈنا

παίζω

سینڈ پٹ

σκάμμα με άμμο

جھولا

κούνια

کھڈونے

παιχνίδια

ویڈیو گیم کنسول

κονσόλα βιντεοπαιχνιδιών

ٹرائی سائیکل

τρίκυκλο

ٹیڈی بئیر

αρκουδάκι

الماری

ντουλάπα

کپڑے

ρούχα

جرابان

κάλτσες

جرابان

καλτσοδέτες

ٹانٹس

καλσόν

سکارف
κασκόλ

چھتری
ομπρέλα

ٹی شرٹ
μπλουζάκι

بیلٹ
ζώνη

بوٹ
μπότες

سلیپر
παντόφλες

جوگر
αθλητικά παπούτσια

سینڈل
σανδάλια

جوتی
παπούτσια

ربر نے جوتی
γαλότσες

انڈر وئیر
εσώρουχο

برا
σουτιέν

بنیان
φανέλα

جسم

σώμα

پاجامہ

παντελόνι

جینز

τζιν παντελόνι

سکرٹ

φούστα

برا

μπλούζα

قمیض

πουκάμισο

سوئیٹر

πουλόβερ

ہوڈی

πουλόβερ

کوٹ

σακάκι

جیکٹ

μπουφάν

کوٹ

παλτό

برساتی

αδιάβροχο πανωφόρι

کاسٹیوم

κοστούμι

کپڑے

φόρεμα

شادی نا جوڑا

νυφικό

سوٹ

κοστούμι

راتے نے کپڑے

νυχτικό

پاجامہ

πιτζάμες

ساڑھی

σάρι

سکارف

μαντήλι

پگڑی

τουρμπάνι

برقعہ

μπούρκα

کفتان

καφτάνι

برقعہ

μουσουλμανικό ένδυμα

نہان والے کپڑے

ολόσωμο μαγιό

انڈرونیر

ανδρικό μαγιό

نیکر

σορτς

ٹریک سوٹ

αθλητική φόρμα

دھوتی

ποδιά

دستانے

γάντια

کپڑے - ρούχα

47

بٹن

κουμπί

چشمہ

γυαλιά

بریسلیٹ

βραχιόλι

ہار

περιδέραιο

انگوٹھی

δαχτυλίδι

کنّے

σκουλαρίκι

ٹوپی

καπέλο

کوٹ ہینگر

κρεμάστρα

ٹوپی

καπέλο

ٹائی

γραβάτα

زپ

φερμουάρ

ہیلمٹ

κράνος

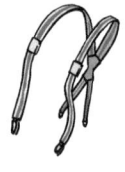

بریسز

τιράντες

سکول نی وردی

μαθητική στολή

وردی

στολή

بب

σαλιάρα

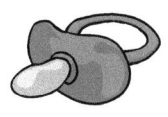

ڈمی

πιπίλα

ناپی

πάνα

دفتر

γραφείο

سرور
σέρβερ

فائلاں نے الماری
αρχειοθήκη

پرنٹر
εκτυπωτής

مانیٹر
οθόνη

کاغذ
χαρτί

ماؤس
ποντίκι

میز
γραφείο

فولڈر
ντοσιέ

کی بورڈ
πληκτρολόγιο

کرسی
καρέκλα

کچرے نا ڈبہ
καλάθι αχρήστων

کمپیوٹر
υπολογιστής

کافی مگ

κούπα του καφέ

کیلکولیٹر

κομπιουτεράκι

انٹرنیٹ

ίντερνετ

لیپ ٹاپ

λάπτοπ

خط

γράμμα

پیغام

μήνυμα

موبائل

κινητό

نیٹ ورک

δίκτυο

فوٹو کاپئیر

φωτοτυπικό μηχάνημα

سافٹ وئیر

λογισμικό

ٹیلیفون

τηλέφωνο

پلگ ساکٹ

πρίζα

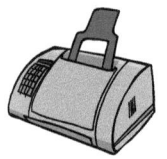

فکس مشین

συσκευή φαξ

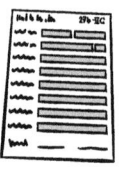

فارم

έντυπο

دستاویزات

έγγραφο

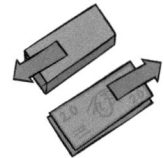

خریدنا

αγοράζω

ادا کرنا

πληρώνω

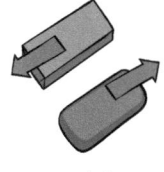

تجارت

συναλλάσσομαι

پیسہ

χρήματα

ڈالر

δολάριο

یورو

ευρώ

ین

γιεν

ربل

ρούβλι

سویس فرانک

ελβετικό φράγκο

رینمینبی یوان

ρενμίνμπι γιουάν

روپیہ

ρουπία

کیش پوائنٹ

ATM (αυτόματη ταμειακή μηχανή)

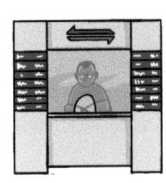

ایکسچینج دفتر

ανταλλακτήρια
συναλλάγματος

سونا

χρυσός

چاندی

ασήμι

تیل

πετρέλαιο

توانائی

ενέργεια

قیمت

τιμή

معاہدہ

συμβόλαιο

ٹیکس

φόρος

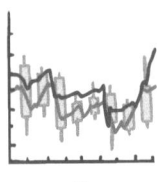

سٹاک

μετοχή

کم

δουλεύω

ملازم

υπάλληλος

آجر

εργοδότης

فیکٹری

εργοστάσιο

بٹی

κατάστημα

επαγγέλματα

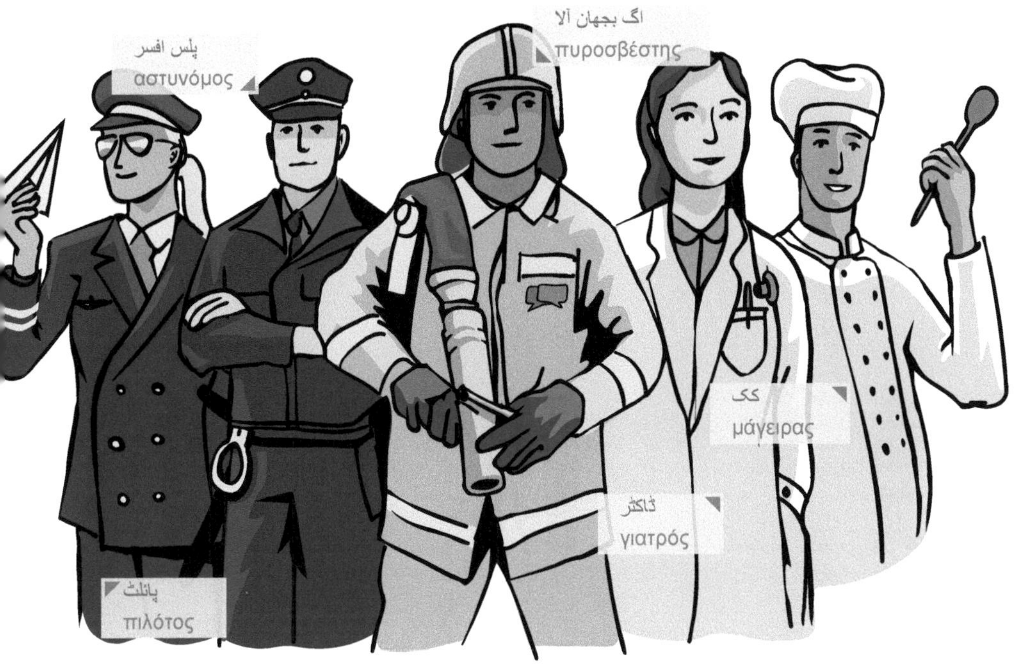
پلس افسر
αστυνόμος
اگ بجھان آلا
πυροσβέστης
کک
μάγειρας
ڈاکٹر
γιατρός
پائلٹ
πιλότος

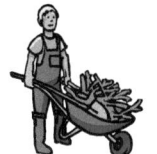

مالی
κηπουρός

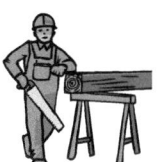

برھئی
ξυλουργός

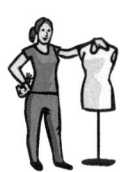

درزن
μοδίστρα

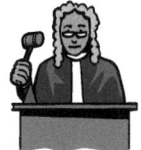

جج
δικαστής

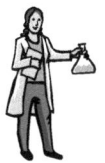

کیمسٹ
χημικός

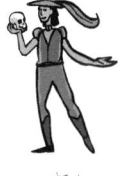

ایکٹر
ηθοποιός

بس ڈرائیور

οδηγός λεωφορείου

ٹیکسی ڈرائیور

ταξιτζής

مچھیرا

ψαράς

صفائی آلی جنانی

καθαρίστρια

روفر

τεχνίτης στεγών

ویٹر

σερβιτόρος

شکاری

κυνηγός

پینٹر

ζωγράφος

بیکری آلا

αρτοποιός

الیکٹریشن

ηλεκτρολόγος

تعمیرات آلا

οικοδόμος

انجینیئر

μηχανολόγος

قصائی

κρεοπώλης

پلمبر

υδραυλικός

پوسٹ مین

ταχυδρόμος

سپاہی

στρατιώτης

آرکیٹیکٹ

αρχιτέκτονας

کیشئیر

ταμίας

پھلاں آلا

ανθοπώλης

نائی

κομμωτής

کنڈکٹر

ελεγκτής εισιτηρίων

مکینک

μηχανικός

کپتان

καπετάνιος

دندان ساز

οδοντίατρος

سائنس دان

επιστήμονας

ربانی

ραβίνος

امام

ιμάμης

راہب

μοναχός

انگریز

ιερέας

ٹولز

εργαλεία

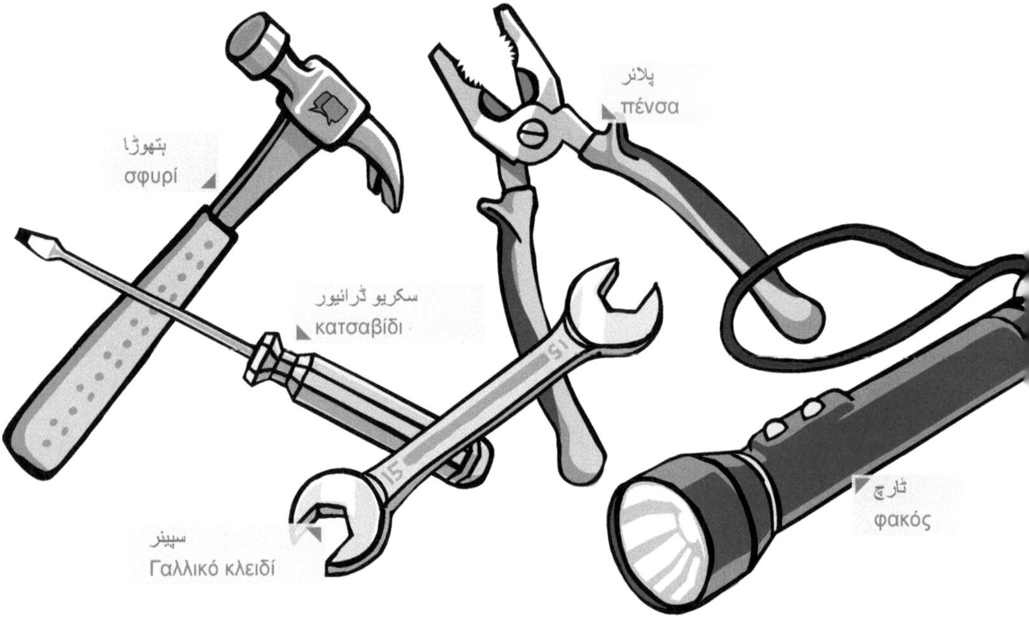

ہتھوڑا
σφυρί
پلاس
πένσα
سکریو ڈرائیور
κατσαβίδι
ٹارچ
φακός
سپینر
Γαλλικό κλειδί

پھاوڑا

εκσκαφέας

ٹول باکس

εργαλειοθήκη

سیڑھی

σκάλα

آری

πριόνι

کیل

καρφιά

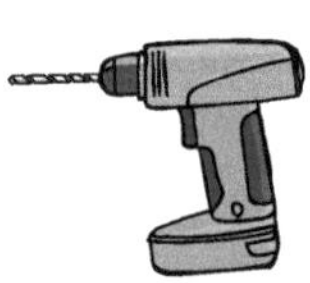

ڈرل

τρυπάνι

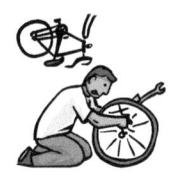

مرمت

επισκευάζω

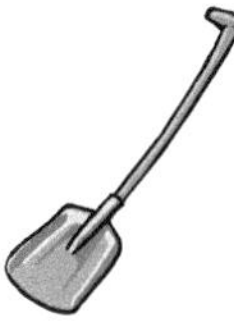

شاول

φτυάρι

لعنت!

Να πάρει!

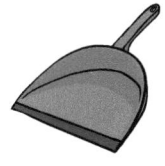

ڈسٹ پین

φαράσι

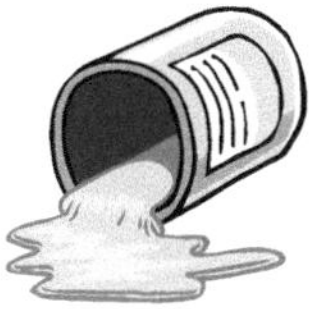

پینٹ پاٹ

δοχείο χρωμάτων

سکریوز

βίδες

موسیقی نے آلات

μουσικά όργανα

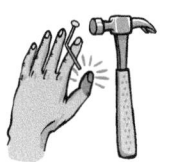

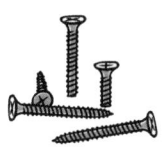

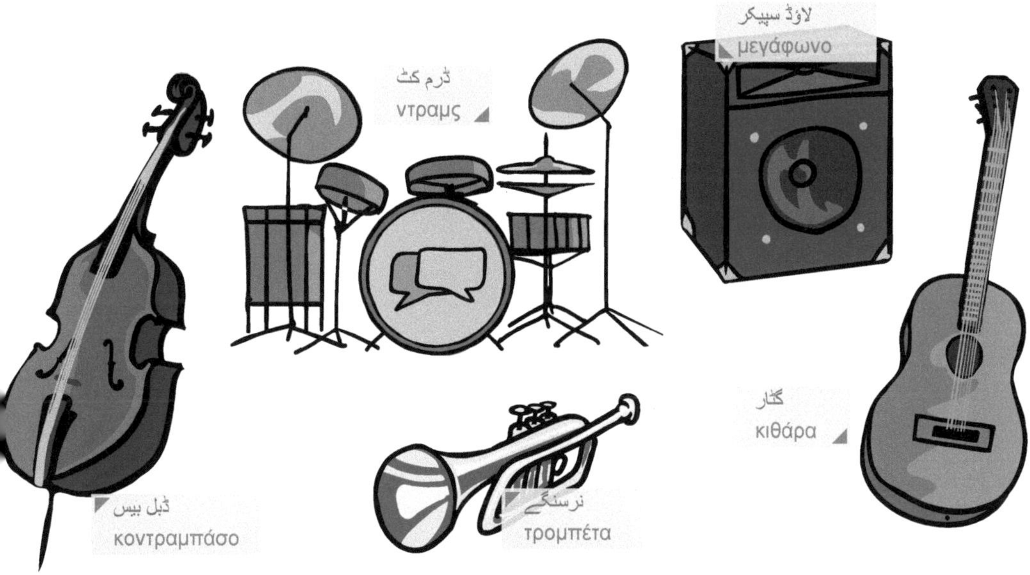
لاؤڈ سپیکر
μεγάφωνο
ڈرم کٹ
ντραμς
گٹار
κιθάρα
ڈبل بیس
κοντραμπάσο
نرسنگے
τρομπέτα

پیانو

πιάνο

وائلن

βιολί

بیس

μπάσο

ٹمپانی

τύμπανα

ڈرمز

τύμπανο

کی بورڈ

πλήκτρα

سیگزو فون

σαξόφωνο

بانسری

φλάουτο

مائکروفون

μικρόφωνο

چڑیا کھار
ζωολογικός κήπος

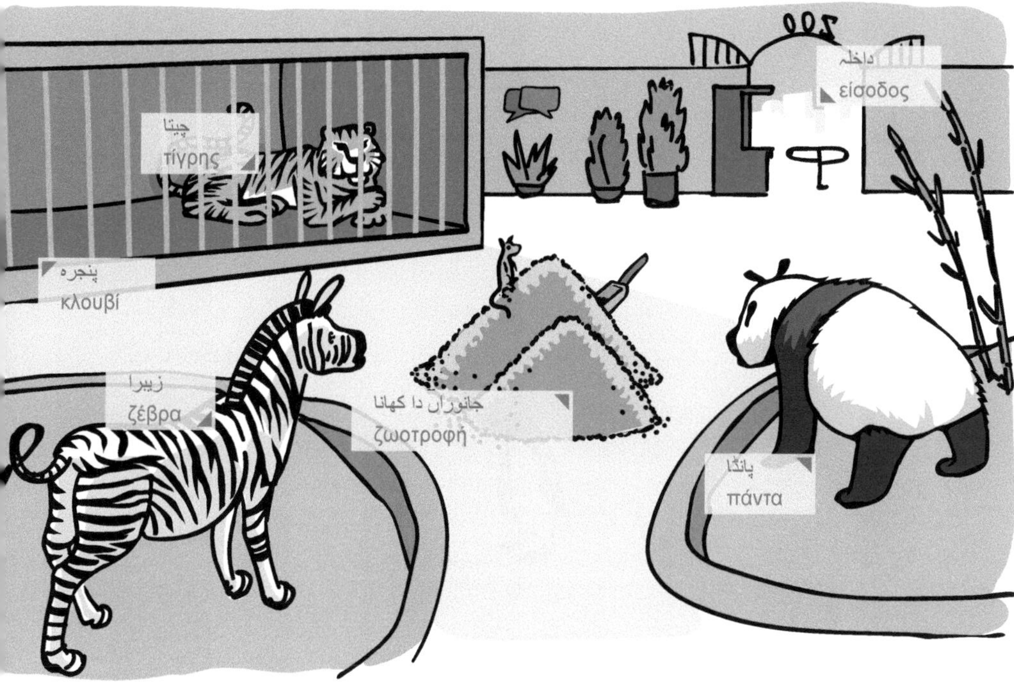
zoo
داخلہ
είσοδος
چیتا
τίγρης
پنجرہ
κλουβί
زیبرا
ζέβρα
جانوراں دا کھانا
ζωοτροφή
پانڈا
πάντα

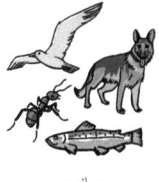

جانور

ζώα

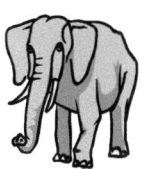

ہاتھی

ελέφαντας

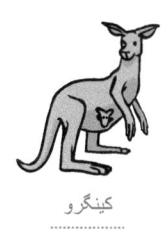

کینگرو

καγκουρό

گینڈا

ρινόκερος

گوریلا

γορίλας

ریچہ

αρκούδα

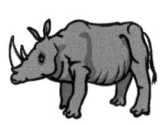

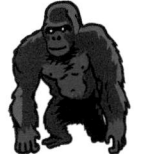

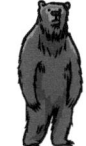

اونٹ

καμήλα

شترمرغ

στρουθοκάμηλος

شیر

λιοντάρι

بائدر

πίθηκος

فلیمنگو

φλαμίνγκο

طوطا

παπαγάλος

برفانی ریچھ

πολική αρκούδα

پینگوئین

πιγκουίνος

شارک

καρχαρίας

مور

παγώνι

سپ

φίδι

مگرمچھ

κροκόδειλος

چڑیا گھر دا رکھوالا

φύλακας ζωολογικού κήπου

سیل

φώκια

جیگوار

τζάγκουαρ

پونی

πόνυ

لیپرڈ

λεοπάρδαλη

ہِپو

ιπποπόταμος

زرافہ

καμηλοπάρδαλη

چیل

αετός

نر سور

αγριογούρουνο

مچھی

ψάρι

کچھوا

χελώνα

والرس

θαλάσσιος ίππος

لومبڑ

αλεπού

گیزل

γαζέλα

امریکن فٹبال
Αμερικάνικο ποδόσφαιρο

سائکلنگ
ποδηλασία

ٹینس
αντισφαίριση

باسکٹ بال
μπάσκετ

سوئیمنگ
κολύμβηση

باکسنگ
πυγχαμία

آئس ہاکی
χόκεϋ επί πάγου

فٹبال
ποδόσφαιρο

بیڈ منٹن
μπάντμιντον

ایتھلیٹکس
στίβος

ہینڈ بال
χάντμπολ

سکیینگ
σκι

پولو
πόλο

بنسنا
γελάω

چھال مارنا
πηδάω

چھپی پانا
αγκαλιάζω

چلنا
περπατάω

گانا گانا
τραγουδάω

خواب
ονειρεύομαι

دعا
προσεύχομαι

بوسہ
φιλάω

لکھنا
γράφω

لیک لانا
σχεδιάζω

وکھانا
δείχνω

دھکا
πιέζω

دینا
δίνω

لینا
παίρνω

بھے وے
....
έχω

کرنا
....
κάνω

بو
....
είμαι

کھلونا
....
στέκομαι

دوڑنا
....
τρέχω

چھکنا
....
τραβάω

سٹا
....
ρίχνω

ٹھینا
....
πέφτω

جھوٹ
....
ξαπλώνω

انتظار
....
περιμένω

چکنا
....
κουβαλώ

بیھنا
....
κάθομαι

کپڑے پانا
....
φοράω

سونا
....
κοιμάμαι

جاگنا
....
ξυπνάω

ویکھنا

κοιτάω

رونا/چلانا

κλαίω

سٹروک

χαϊδεύω

کنگھا

χτενίζω

گل کرنا

μιλάω

سمجھنا

καταλαβαίνω

پوچھنا/دسنا

ρωτάω

سننا

ακούω

پینا

πίνω

کھانا

τρώω

تیار ہونا

συγυρίζω

محبت

αγαπάω

پکانا

μαγειρεύω

گڈی چلانا

οδηγώ

اڈنا

πετάω

سمندری سفر

κάνω ιστιοπλοΐα

کیلکولیٹ

υπολογίζω

پڑھنا

διαβάζω

سیکھنا

μαθαίνω

کم

δουλεύω

شادی

παντρεύομαι

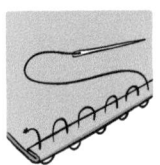

سیونا

ράβω

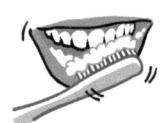

دند صاف

βουρτσίζω τα δόντια

قتل

σκοτώνω

دھواں

καπνίζω

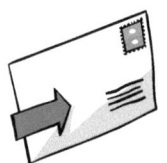

بھیجنا

στέλνω

کنبہ
οικογένεια

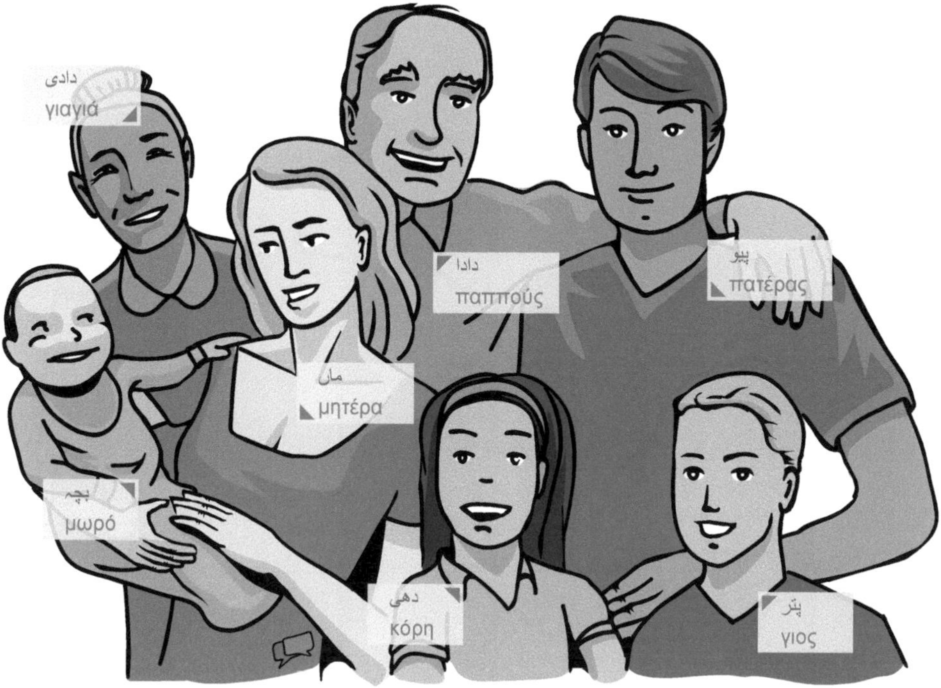

دادی
γιαγιά
دادا
παππούς
پیو
πατέρας
ماں
μητέρα
بچہ
μωρό
دھی
κόρη
پتر
γιος

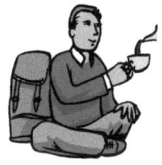

مہمان

καλεσμένος

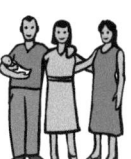

ماسی / پھو

θεία

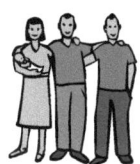

چاچا/ماما

θείος

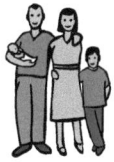

بھرا

αδελφός

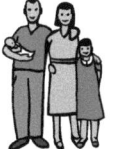

بہن

αδελφή

جسم

σώμα

متھا
μέτωπο
اکھ
μάτι
منڈھے
ώμος
انگلی
δάχτυλο
منہ
πρόσωπο
ٹھوڑی
πιγούνι
ہتھ
χέρι
چھاتی
στήθος
لت
πόδι
بانہ
βραχίονας

بچہ
μωρό

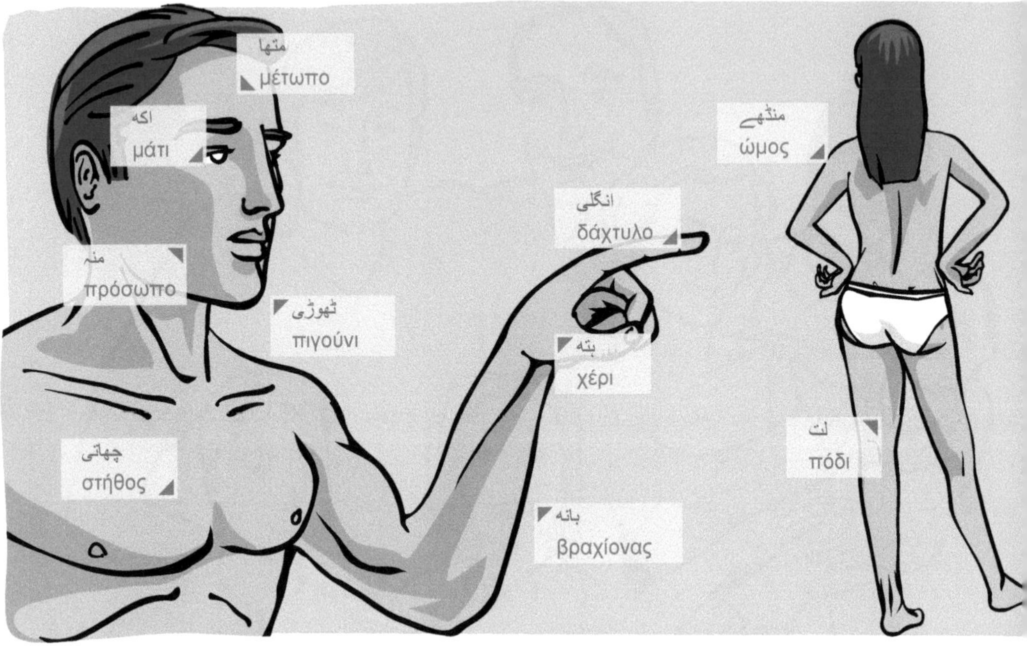

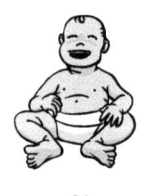

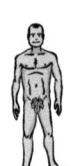

بندہ
άνδρας

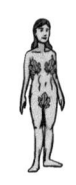

جنانی
γυναίκα

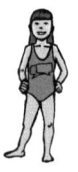

کڑی
κορίτσι

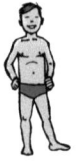

مڑا
αγόρι

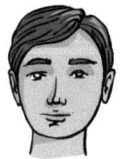

سر
κεφάλι

کمر

πλάτη

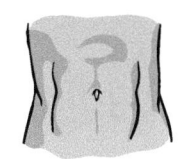

ٹهڈ

κοιλιά

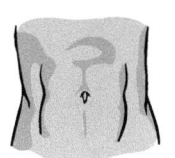

تهنى

αφαλός

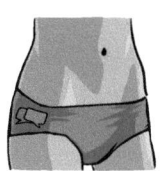

پنجہ

δάχτυλο ποδιού

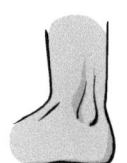

اڈی

φτέρνα

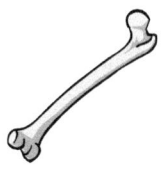

بڈم

κόκκαλο

کولہے

γοφός

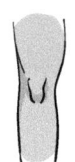

گوڈے

γόνατο

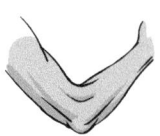

کہنی

αγκώνας

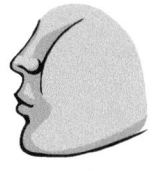

نک

μύτη

زیر جامہ

γλουτός

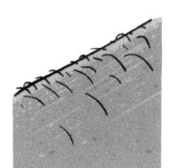

کہل

δέρμα

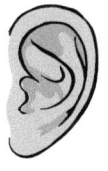

گلان

μάγουλο

کن

αυτί

بل

χείλος

منہ

στόμα

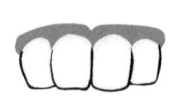

دند

δόντι

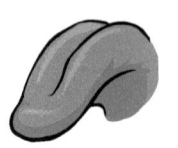

زبان

γλώσσα

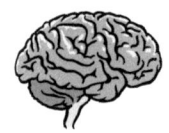

دماغ

εγκέφαλος

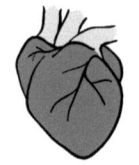

دل

καρδιά

پٹھے

μυς

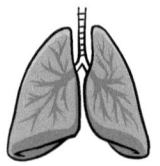

پھیپھڑے

πνεύμονας

جگر

συκώτι

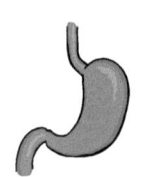

تھڈ

στομάχι

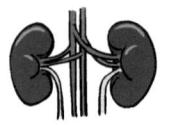

گردے

νεφρά

جنس

σεξουαλική επαφή

کنڈم

προφυλακτικό

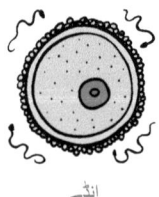

انڈے

ωάριο

منی

σπέρμα

حمل

εγκυμοσύνη

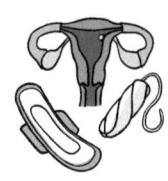

حيض

περίοδος

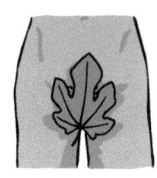

اندام نباتی

γυναικείος κόλπος

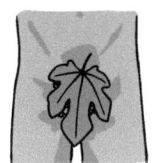

عضو تناسل

πέος

بهوں

φρύδι

بال

μαλλιά

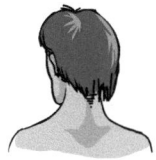

گردن

λαιμός

ہسپتال

νοσοκομείο

ہسپتال
νοσοκομείο
ایمبولنس
ασθενοφόρο
وہیل چئیر
αναπηρικό καροτσάκι
فریکچر
κάταγμα

ڈاکٹر

γιατρός

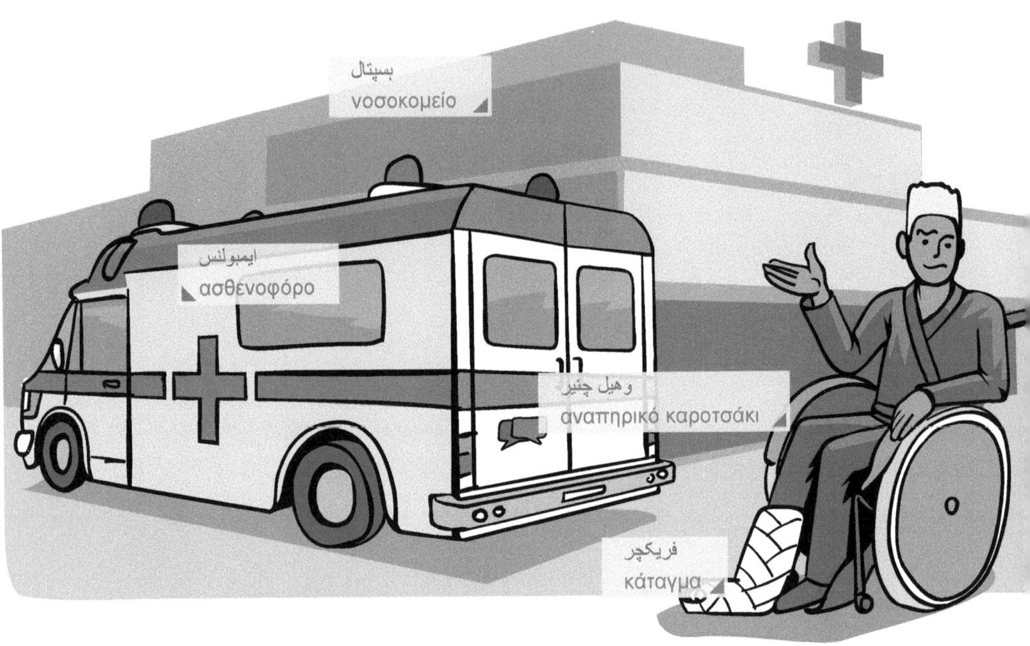

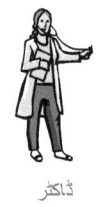

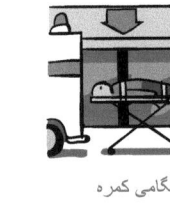

ہنگامی کمرہ

μονάδα εντατικής θεραπείας

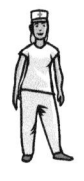

نرس

νοσοκόμα

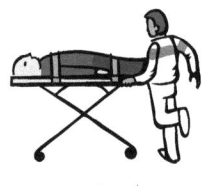

ایمرجنسی

έκτακτη ανάγκη

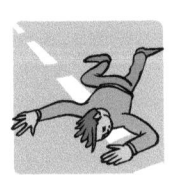

بے ہوش

λιπόθυμος

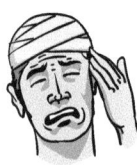

درد

πόνος

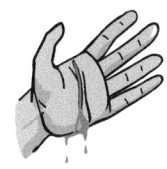

سٹ

τραύμα

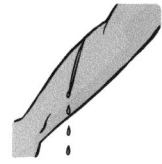

خون نکلنا

αιμορραγία

دل نا دوره

έμφραγμα

فالج

εγκεφαλικό

الرجی

αλλεργία

کھنگ

βήχας

تپ

πυρετός

نزلہ

γρίπη

اسہال

διάρροια

سر درد

πονοκέφαλος

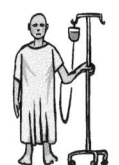

کینسر

καρκίνος

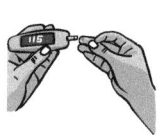

شوگر(ذیابطس)

διαβήτης

سرجن

χειρουργός

سکیلپل

νυστέρι

آپریشن

εγχείρηση

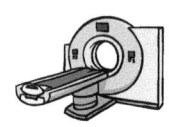

سی ٹی

αξονική τομογραφία

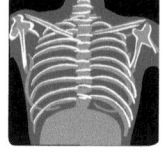

ایکسرے

ακτινογραφία

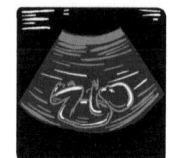

الٹرا ساؤنڈ

υπέρηχος

چہرہ نا ماسک

μάσκα

بماری

ασθένεια

انتظار گاہ

αίθουσα αναμονής

بیساکھی

πατερίτσα

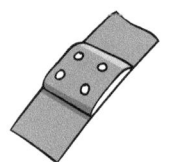

پلستر

χάνσαπλαστ

پٹی

επίδεσμος

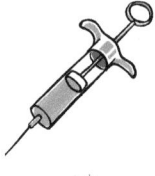

ٹیکہ

ένεση

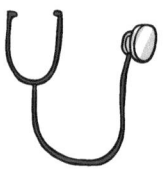

سٹیتھوسکوپ

στηθοσκόπιο

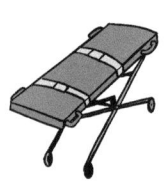

اسٹریچر

φορείο

کلینیکل تھرمومیٹر

θερμόμετρο

پیدائش

γέννηση

زائد الوزن

υπέρβαρο

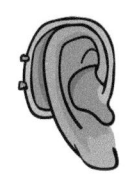

سننن لنی آله

ακουστικό βαρηκοΐας

جراثیم کش

αντισηπτικό

متعدی مرض

λοίμωξη

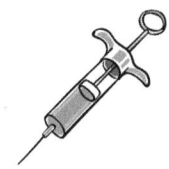

وائرس

ιός

HIV/AIDS

HIV/AIDS

دوائی

φάρμακο

ویکسینیشن

εμβολιασμός

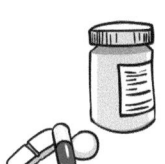

گولیاں

δισκία

گولی

χάπι

بنگامی کال

κλήση έκτακτης ανάγκης

بلڈ پریشر مانیٹر

πιεσόμετρο αίματος

بیمار / صحتمند

άρρωστος / υγιής

مدد!

Βοήθεια!

الارم

συναγερμός

حملہ

βιαιοπραγία

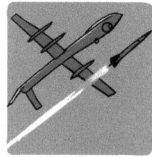

حملہ

επίθεση

خطرہ

κίνδυνος

بنگامی اخراج

έξοδος κινδύνου

آگ!

Φωτιά!

آگ بجھانے والا آلہ

πυροσβεστήρας

حادثہ

ατύχημα

فرسٹ ایڈ کٹ

κουτί πρώτων βοηθειών

SOS

SOS

پلس

αστυνομία

یورپ

Ευρώπη

شمالی امریکہ

Βόρεια Αμερική

جنوبی امریکہ

Νότια Αμερική

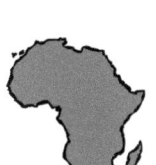

افریقہ

Αφρική

ایشیاء

Ασία

آسٹریلیا

Αυστραλία

اٹلانٹک

Ατλαντικός Ωκεανός

پیسیفک

Ειρηνικός Ωκεανός

بحیرہ ہند

Ινδικός Ωκεανός

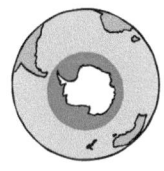

بحیرہ انٹارکٹک

Ανταρκτικός Ωκεανός

بحیرہ آرکٹیک

Αρκτικός Ωκεανός

قطب شمالی

Βόρειος Πόλος

قطب جنوبی

Νότιος Πόλος

انتارکتیکا

Ανταρκτική

زمین

Γη

خشکی

γη

سمندر

θάλασσα

جزیره

νησί

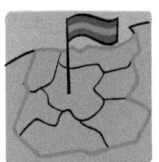

قوم

έθνος

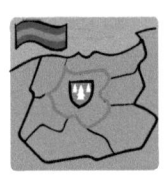

ریاست

πολιτεία

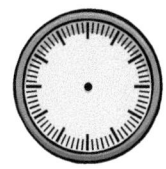

کلاک فیس

καντράν ρολογιού

نکی سوئی

ωροδείκτης

وڈی سوئی

λεπτοδείκτης

سیکنڈ ہینڈ

δείκτης δευτερολέπτων

کی ٹائم ہویا اے؟

Τι ώρα είναι;

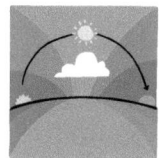

دن

ημέρα

وقت

χρόνος

ہون

τώρα

ڈیجیٹل گھڑی

ψηφιακό ρολόι

منٹ

λεπτό

گھنٹہ

ώρα

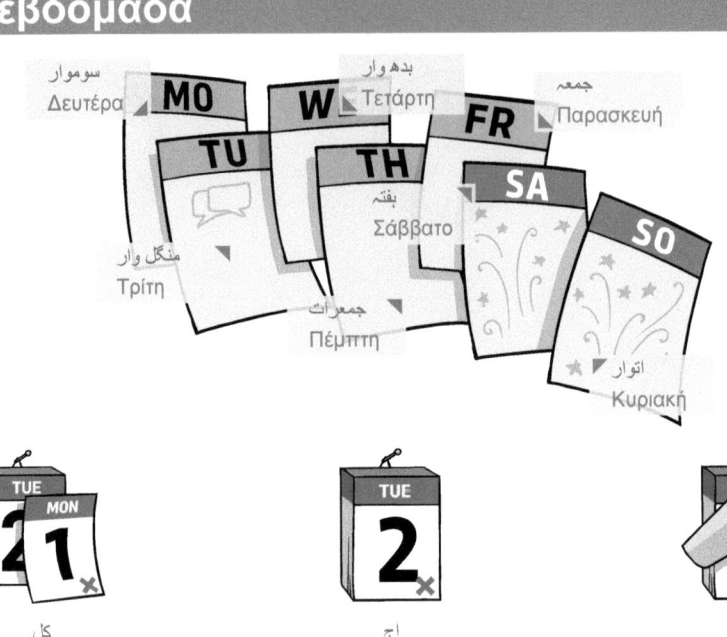

سوموار
Δευτέρα **MO**

بدھ وار
W Τετάρτη

جمعه
FR Παρασκευή

TU

TH
بقتّه
Σάββατο

SA

SO

منگل وار
Τρίτη

جمعرات
Πέμπτη

اتوار
Κυριακή

کل
....
χθες

اج
....
σήμερα

کل
....
αύριο

سویر
....
πρωί

دوپہر
....
μεσημέρι

شام
....
βράδυ

کاروباری دن
....
εργάσιμες ημέρες

ویک اینڈ
....
Σαββατοκύριακο

سال
έτος

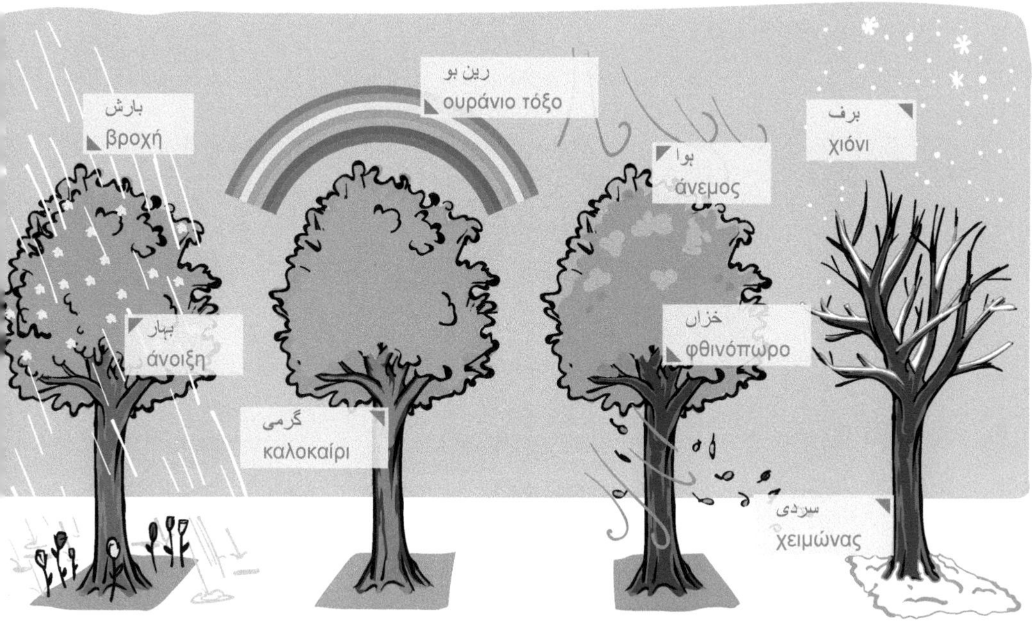

بارش
βροχή
رین بو
ουράνιο τόξο
برف
χιόνι
ہوا
άνεμος
بہار
άνοιξη
خزاں
φθινόπωρο
گرمی
καλοκαίρι
سردی
χειμώνας

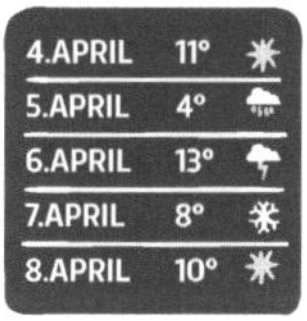

4.APRIL 11°
5.APRIL 4°
6.APRIL 13°
7.APRIL 8°
8.APRIL 10°

موسمی پیشگوئی
πρόγνωση καιρού

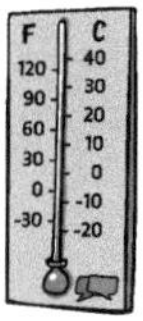

F C
120 40
90 30
60 20
30 10
0 0
-30 -10
-20

تھرمامیٹر
θερμόμετρο

سورج نے چمک
λιακάδα

بدل
σύννεφο

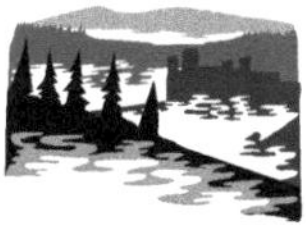

دھند
ομίχλη

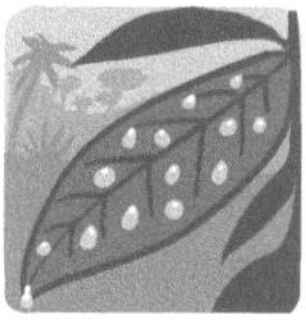

نمی
υγρασία

بجلی کڑکنا

αστραπή

گرج

κεραυνός

نهیری

καταιγίδα

اولے

χαλάζι

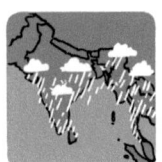

ساون

μουσώνας

سیلاب

πλημμύρα

برف

πάγος

جنوری

Ιανουάριος

فروری

Φεβρουάριος

مارچ

Μάρτιος

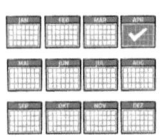

اپریل

Απρίλιος

مئی

Μάιος

جون

Ιούνιος

جولائی

Ιούλιος

اگست

Αύγουστος

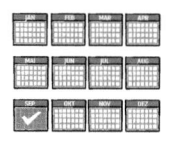

ستمبر

Σεπτέμβριος

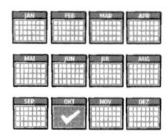

اکتوبر

Οκτώβριος

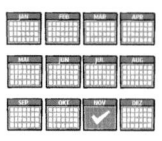

نومبر

Νοέμβριος

دسمبر

Δεκέμβριος

گول

κύκλος

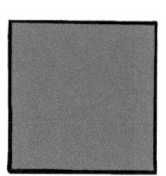

چوکور

τετράγωνο

مستطیل

ορθογώνιο
παραλληλόγραμμο

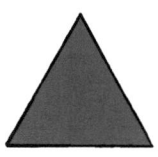

مثلث

τρίγωνο

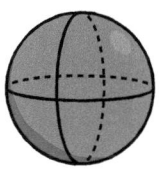

دائره نما

σφαίρα

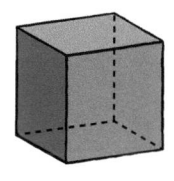

مکعب

κύβος

چٹا
....
άσπρο

پیلا
....
κίτρινο

نارنجی
....
πορτοκαλί

گلابی
....
ροζ

رتا
....
κόκκινο

جامنی
....
μωβ

نیلا
....
μπλε

برا
....
πράσινο

کتھنی
....
καφέ

سرمئی
....
γκρι

کالا
....
μαύρο

زیاده / گھٹ

πολύ / λίγο

ناراض / پرسکون

θυμωμένος / ήρεμος

خوبصورت / بدصورت

όμορφος / άσχημος

ابتداء / اختتام

αρχή / τέλος

وڈا / نکا

μεγάλος / μικρός

روشن / نهیرا

φωτεινός / σκοτεινός

بھرا / بہن

αδελφός / αδελφή

صاف / گندا

καθαρός / λερωμένος

مکمل / نا مکمل

πλήρης / ατελής

دن / رات

ημέρα / νύχτα

مرده / اِنده

νεκρός / ζωντανός

چوڑا / تنگ

φαρδύς / στενός

خوردنی / ناقابل خوردنی

βρώσιμος / μη βρώσιμος

پھیڑا / چنگا

κακός / ευγενικός

خوش / ناخوش

ενθουσιασμένος / βαριεστημένος

موٹا / پتلا

παχύς / λεπτός

پہلا / آخری

πρώτος / τελευταίος

دوست / دشمن

φίλος / εχθρός

بھریا / خالی

γεμάτος / άδειος

سخت / نرم

σκληρός / μαλακός

بھاری / ہلکا

βαρύς / ελαφρύς

بھوک / پیاس

πείνα / δίψα

بیمار / صحتمند

άρρωστος / υγιής

قانونی / غیر قانونی

παράνομος / νόμιμος

ذہین / بیوقوف

έξυπνος / χαζός

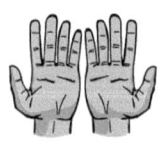

کھبا / سجا

αριστερός / δεξιός

کولے / دور

κοντινός / μακρινός

نواں / پرانا

καινούριος /
μεταχειρισμένος

کجه ننیں / سب کجه

τίποτα / κάτι

بڈها / جوان

γέρος | νέος

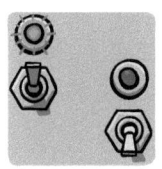

کھولنا / بند کرنا

αναμμένος / σβηστός

کھولنا / بند کرنا

ανοιχτός / κλειστός

خاموشی / شور

χαμηλόφωνος /
μεγαλόφωνος

امیر / غریب

πλούσιος / φτωχός

درست / غلط

σωστός / λανθασμένος

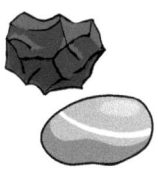

کھردرا / ہموار

τραχύς / λείος

افسرده / خوش

λυπημένος / χαρούμενος

نکا / لما

κοντός / μακρύς

آہستہ / تیز

αργός / γρήγορος

گیلا / خشک

υγρός / στεγνός

گرم / ٹھنڈا

ζεστός / δροσερός

جنگ / امن

πόλεμος / ειρήνη

0	**1**	**2**
صفر	اک	دو
μηδέν	ένα	δύο

3	**4**	**5**
تن	چار	پنج
τρία	τέσσερα	πέντε

6	**7**	**8**
چھ	ست	اٹھ
έξι	εφτά	οκτώ

9	**10**	**11**
نو	دس	یاراں
εννιά	δέκα	έντεκα

12
باران
δώδεκα

13
تيران
δεκατρία

14
چودا
δεκατέσσερα

15
پندره
δεκαπέντε

16
سوله
δεκαέξι

17
ستاراں
δεκαεφτά

18
اٹھاراں
δεκαοκτώ

19
انیہ
δεκαεννέα

20
وی
είκοσι

100
سو
εκατό

1.000
ہزار
χίλια

1.000.000
ملین
εκατομμύριο

انگریزی

Αγγλικά

امریکی انگریزی

Αμερικάνικα Αγγλικά

چینی مینڈرین

Μανδαρίνικα Κινέζικα

ہندی

Χίντι

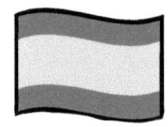

سپینش

Ισπανικά

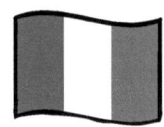

فرینچ

Γαλλικά

عربی

Αραβικά

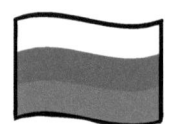

رشین

Ρώσικα

پرتگالی

Πορτογαλικά

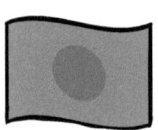

بنگالی

Μπενγκάλι

جرمن

Γερμανικά

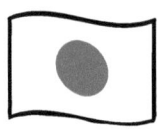

جاپانی

Ιαπωνικά

میں
εγώ

توں
εσύ

وہ/اوہ/ایہہ
αυτός / αυτή / αυτό

اسیں
εμείς

توں
εσείς

او
αυτοί / αυτές / αυτά

کون؟
ποιος / ποια / ποιο;

کی؟
τι;

کیوں؟
πώς;

کتھے؟
πού;

کدوں؟
πότε;

نان
όνομα

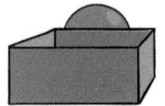

پچھے

πίσω

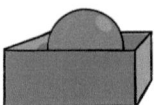

وچ

μέσα

سامنے نے

μπροστά

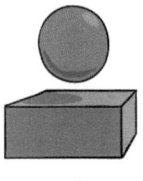

تے

πάνω από

تے

πάνω

بیٹ

κάτω

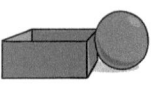

سوا

δίπλα

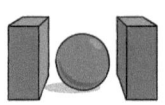

مابین

ανάμεσα

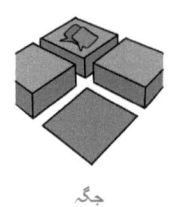

جگہ

μέρος